NO!で政治は変えられない

~せたがやYES!で区政を変えた8年の軌跡~

はじめに

ある日の昼下がり、世田谷区内の茶房の一角で年配の女性二人が話をしていました。隣の席にいる私は書類に目を通していましたが、大きな声なので一言一句、聞こえてきました。高齢期にさしかかる今後の心配事や、知人のいる高齢者施設の評判などが話題になった後、「高齢介護の相談窓口」の話に移りました。

「高齢者施設や介護のことなんか、これまで考えてみたこともなかった。なにも知らないし、どこにどう相談したらいいのか途方に暮れるわ」

「あら、あなた知らないの？　駅の近くにまちづくりセンターってあるでしょ。そこに『福祉の相談窓口』というのがあって、なにからなにまで教えてくれるし、手続きできるんだってよ」

「そんな近くにあったの？　ありがとう。知らなかった……」

私は思わず膝を打ちたい心境でした。「こうして知られていくんだ」と感慨深かったからです。一定の時間をかけて「福祉の相談窓口」が周知されていく現場に居合わせたことに感謝しました。なぜなら、この「福祉の相談窓口」は私が世田谷区長になって試行錯誤を重ねて、ようやく２０１６年夏に実現した制度だったからです。それから、１年あまり経過してこうして、隣席の話題になっていることに手応えを感じました。

政治とは理想を掲げて、現実をよりよい姿に近づけていく仕事です。人びとの声に耳を傾け、暮らしのなかに入っていき、人びとが求め必要とする政策をつくり、制度設計をして、議論をたたかわせ、運営と検証をしていく作業の連続です。世田谷区は人口90万人にもなります。打ち込んだ政策が生活の場に浸透していき、現実をよりよく動かしていけるかどうかは、通常の場合は「来所者数」「相談件数」などのような数値によってしかはかれません。直接、市井《しせい》の話題にふれる機会は、ありがたいものです。

私は、東日本大震災の直後、また東京電力・福島第一原発事故の渦中にあった2011年4月、世田谷区長に立候補し、僅差で勝ち抜いて東京都のなかで最大の自治体の長となりました。「脱原発」を正面から掲げながら、自然エネルギーの活用に力を入れました。平均3億円の予算を要する学校建築時の仮設校舎をつくらずに財源を生み出す行政手法改革に取り組み、子ども・教育予算を増加させて待機児童対策を進めました。

2期目の選挙となった2015年4月、4年間の活動実績とともに、2013年度決算で22年ぶりに区の借金（特別区債残高）を貯金（基金残高）が上回って「実質借金ゼロ」の財務体質をつくったことなどを訴え、相手候補の「9万6416票」に対して「19万6068票」というダブルスコアで再選されました。

この選挙での私たちのキャッチフレーズとなったのが、「せたがやYES！」というシンプルなコピーでした。この「せたがやYES！」とはなにを意味したのでしょうか？

この時の政策リーフレットにはこう書き込まれています。

「〈せたがやYES！〉には、私たちが住んでいる世田谷区を、もっと住みよくしようという思いが込められています。競争と不信が渦巻く時代に、地域にホッとできるコミュニティがあることで人生はもっと豊かになると思います。住民の住民による自治体運営を育てるために、多くの区民の皆様の力が必要です」（政策リーフレット『元気印通信』2015年4月3日）

「せたがやYES！」の特徴は、ネガティブキャンペーンではないというところにあります。「いい地域をつくろう」「多世代交流で育っている芽を育てよう」というポジティブな訴えでした。政治の場では、「NO！」が大きな波紋をもってひろがる場合が多くあります。私はあえて「YES」を前に出すことにしました。もちろん、現状に対しての厳しい目や批判的意見にも十分耳を傾ける必要があります。しかし、そのうえで積極的に社会を前に向けて前進させ、改善していこうという思いを表したかったのです。

また、4年間取り組んだ「地域政治」を動かしていくためには、相互不信を乗り越えた信頼や、細かな違いにこだわらない幅広い合意形成が必要だと考えて、「せたがやYES!」という短いキャッチコピーに集約しました。この点に、ロッキング・オンの渋谷陽一さんが注目し、私に長時間インタビューを行ない一冊の本にまとめてくれました。(『脱原発区長はなぜ得票率67%で再選されたのか?』(保坂展人著・ロッキング・オン　2016年)

いったい、世田谷区長はどんな仕事をしているのでしょうか。世田谷区は、比較的メディアに報道される機会に恵まれた自治体ですが、それでも「区長の仕事」が多くの人たちにくっきり見えているとは言い難いところがあります。初対面の人から聞かれることが多いのは、『国会議員と区長はどちらがやりがいがありますか?』というもので、私が衆議院議員を3期経験している経歴（1996年から2009年までの間に衆議院議員を3期11年務めた）を前提にした質問です。

「やりがいという点では区長です。与党の国会議員であったとしても、法律や制度をつくることはできても、現場をつくるわけではありません。区長は、法や制度にもとづいて現場をつくる仕事です。ときには、十分に制度化されていないところまで、思い切って踏み出す判断もできます」と答えています。

同時に、「派手に報道される機会が多いという点では、国会議員の方が世間的には注目されているかもしれませんね」とつけ加えます。

私の体験的実感から、国会議員としての日常の仕事と、区長としての仕事はまるで違います。双方を同じ「政治家」と呼んでいいのかと疑問に思うほどです。国会は、衆議院予算委員会などの見せ場での個人プレーもないわけではないですが、基本的に与野党共に、組んずほぐれつのチームプレーの場です。

私は少数野党の一員として、他の野党議員と連携し、政局の節目で焦点化するかどうかを見定めて、テーマを絞り込んで国会論戦のための合同プロジェクトチームを運営してきました。一方で、超党派で実現する「児童虐待防止法制定」などのテーマでは、すべての政党の関係議員と、国会図書館、衆参調査室・法制局などの参加を得て、厚生労働省や法務省、裁判所などの政府側や司法当局を呼んで、議員立法の議論を丹念に重ねる事務的調整役を担いました。

ひるがえって区長は、5000人を超える大組織を統括している一方、周囲に幹部や区職員が多数いても、最終的には一人で判断を迫られる場面が多くあります。自らの判断にミスがあった場合には、誰かのせいにすることはできません。

また日常的にも、自分のスケジュールを自分で決めるのは相当難しく、代理がきかない用件も数多く入ります。国会議員も忙しいけれど、国会の動きが流動的だったので、現在のように数カ月先までびっしり予定が詰まっているということはありませんでした。区長となってからは、海外に出かける場合も、半年以上前から準備しておくのが通常です。

私には、二つの人格があります。一つは、「組織の統括者＝区長」としての顔と、もう一つは「政治家としての顔」です。これが、ややっこしいことに、メビウスの輪のように表裏一体で両方にまたがっている場合もあるのです。夕方、役所を飛び出して、古民家をリノベーションして地域事業を起こそうとしているワークショップや話し合いの現場に行くと、現状に飽き足らない人たちの意欲的な発言や実践が聞けて刺激になります。区長としても政策形成に役立てるし、政治家としてもエネルギー源になるという具合に、二つの人格が反応し、どちらかだけの顔でと峻別できない場合もあります。

2015年からの世田谷区政の2期目で、私が力を入れたのは、〝場〟をつくることでした。1期目の後半にも活発に開催していた「ツイッターフォロワーミーティング」の経験を踏まえて、私がどのように政策課題を「着想」し、その背景や社会状況を読み込んで「企画」に持ち上げ、さらに法制度と照らし合わせて「制度化」して、「実現」に移していくのか——思考過程を分解して、参加者と共有していく社会人学校でした。また、参加者と共に「政治は変えられる」という実感を獲得するプロセスでもあったのです。

こうして、SNSを媒体にして呼びかけて、2016年から少人数定員の「保坂展人政策フォーラム」を本気で立ち上げました。幸い熱心で意欲的な受講生が集まってくれて、濃密な討論やテーブル討議を重ねていきました。私が日々問われている政策課題を語り合い、連続講座に区切りがつくと、オープンな場を開いて100人を超える「せたがやD・I・Y道場」が開催されるようになりました。サブタイトルにつけた「観客からプレーヤーへ」の呼びかけ通りに、参加者が語るだけでなくて、次々と現実に企画を実行に移していったことには私も驚かされました。

２０１８年12月に集中的に3回連続で行なわれた「保坂展人第3期政策フォーラム」のプログラムのなかで、猪熊弘子さん、湯浅誠さん、斎藤環さんというゲスト3人と公開対談させていただきました。3回連続のフォーラムのテーマは、「家族の変容とコミュニティの再構築」でした。

本書はこのフォーラムでの対談をもとに編まれたものです。静穏な場での議論というよりも、身近な距離で質問や意見がどんどん飛び出してくる知的創造の場・ダーウィンルーム（下北沢）での緊張感ある雰囲気を想像してもらえると嬉しく思います。

また、同時期に行なった涌井史郎さんとの対談は、二子玉川の格別に澄んだ空気の夕暮れのなかで、雄大に広がるサンセットの絶景を見ながら語り合いました。アメリカのポートランドも念頭に置いた「都市戦略」「まちづくり」をテーマとしました。本書に収録するにあたり、それぞれ加筆したものとなっています。

ジャーナリストの南彰さんには、「世田谷改革の政治的意味」を書き下ろしていただきました。南さんは、過去4年間、足しげく世田谷区に通い、ボトムアップの民主主義を試行する「D・I・Y道場」にも強い関心を持っていただきました。区長となってから、保育、教育、環境、エネルギーと数多く取材を受けましたが、南さんはトータルで「世田谷で起きていること」に迫ってくれました。一部は、朝日新聞の紙面で報道してもらいましたが、紙面の制約を解いて思い切り書き込んでいただきました。

本書をお読みいただくなかでに、「街は変えられる！」「制度は永遠ではない」という実感を共有し、私が90万都市で試みてきた「民主主義の再生」に向けた8年間の軌跡の輪郭を体感してもらうことができたら幸いです。

保坂展人

2018.12.1 猪熊弘子さんと対談

2018.12.8 湯浅 誠さんと対談

2018.12.16 斎藤 環さんと対談

2018.11.23 涌井史郎さんと対談

熱気にあふれた「保坂展人政策フォーラム」

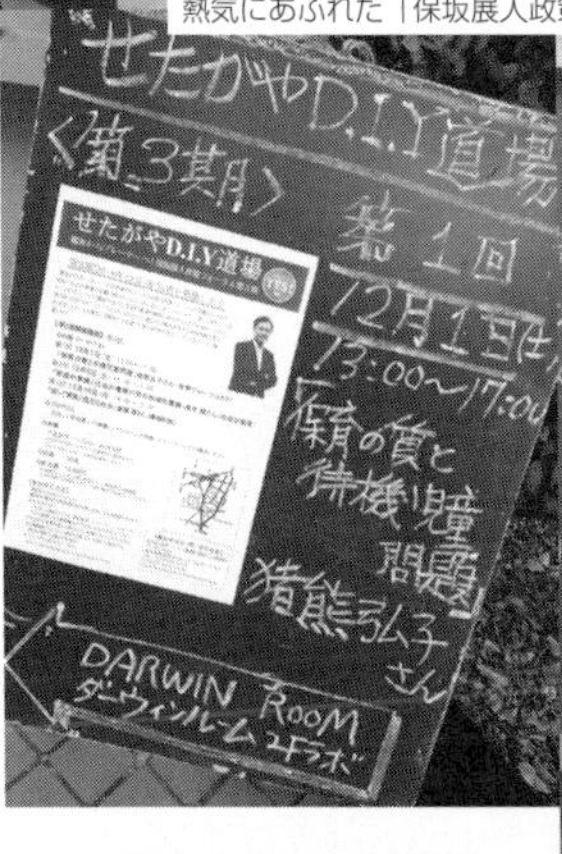

第2章
保育は誰のものか?を問い続けた子育て支援のあり方

第3章
生きづらさを抱えた若者たちをどう支援するか？

第4章
コミュニティの力で支えあう
「地域的養護」の役割とは 167
湯浅 誠×保坂展人

第5章

世田谷改革の政治的な意味

南　彰　213

第1章

グリーンインフラで防災、緑のコミュニティをつくる

涌井史郎×保坂展人

涌井史郎（わくい・しろう）

1945年生まれ。造園家・ランドスケープアーキテクト。東京都市大学特別教授、岐阜県立森林文化アカデミー学長、なごや環境大学学長などを務める。これまでハウステンボス、全日空ホテル等のリゾート計画や多摩田園都市公園などのランドスケープ計画、そして二子玉川の都市計画変更等に関与する一方、過疎・中山間地域や水源地域などのまちおこしや、村落の活性化対策など、数多くの業績を残している。世田谷ポートランド都市文化交流協会代表。

保坂区政は世田谷区の体質に大きな影響を与えてきた

保坂　涌井さんには、2018年6月に発足した世田谷ポートランド都市文化交流協会の代表をお引き受けいただいています。長年、世田谷区あるいは世田区周辺の自治体にも関わりが深くて、お隣の川崎市でも総合計画有識者会議の座長をされて、自治体の大きな、戦略的な指針づくりに関わられています。

世田谷区でもこれまで、私が区長として取り組んできた7年半の区政運営のなかで、難しい判断を迫られる場面でアドバイスをいただいてきました。それも、たいへん重要な局面で区政の本質を見ていただいていると思います。

たとえば、再開発の賛否をめぐり大揺れに揺れてきた下北沢のまちづくりとどのように向き合うのか？　また、前川國男（ル・コルビュジェに師事した日本のモダニズム建築の巨匠）の設計による世田谷区役所の現庁舎をどのように保存して、一方で床面積を増やして新たに整備改築するかについても、ご意見をいただきました。

まずはこの7年半の私の世田谷区政を見てこられ、どのようにご覧になっているかお聞かせ願えればと思います。


涌井　「まち」の健康というのは、外見的な健康と内面的な健康があると思うんです。地方自治というのは、どちらかというと外見的な健康のことを言うことが多いんですね。外見的に筋肉がついているとか、骨格が強化されたとか。つまり社会的なインフラや箱物（建物）を整備していくことをいわば句読点にしながら、それをひとつの一里塚のようにして成果とする、というケースが非常に多いと思うんです。

ところが私から見ると、保坂さんがやってこられたのは、じつは本質的な健康、すなわちどちらかというと筋肉や骨格ではなく〝体質づくり〟とでも言いましょうか、目立たないかも知れないけれども、世田谷区の体質に非常に大きな影響を与えてきたのではないかという気がするんですよ。

今おっしゃられたように、世田谷区にもいろいろな課題がありました。下北沢の問題、あるいは区役所の建物をどうするかという問題、あるいはもっと世田谷区全体の住みやすい条件をどうつくるのかという、まちづくりのハードの問題もあります。

次にそこに表裏一体となって、それではコミュニティはどうするんだとかですね。どういう思想で世田谷のなかで生きていったらいいのか、ライフスタイルはどうなのかというソフトの部分。これを保坂さんは不即不離《ふそくふり》で、常に問題提起されてきたなと思うのが、一点ですね。

二点目はですね、やはり弱者の視点といいますか、いろいろな意味で「多様性」に対する配慮もあると思いますし、障害のある方や高齢者のこと、あるいはお母さんが子育てで非常に懸命になっているという暮らしの現場にいつも軸足を置いて、考えてこられた。

この二点。これは先ほど申し上げたように、必ずしも筋肉とか骨格とかマッチョなハードな外面的な値だけをつくっていくだけでなくて、本当に精神的にも、それから内容的にも健康な体質をつくるというところを熱心にされてきたなという印象を持っています。

保坂　涌井さんにも、ぜひ参考にするようにお勧めいただいたアメリカのオレゴン州ポートランドの話もさせていただきますが、2015年の11月に短期間でしたが3日間訪問しまして、小林正美さん（建築家・明治大学副学長）に案内役をお願いして、同行していただいたことから、ポートランドの特色あるリノベーションや都市再開発の考え方など、まちづくりの骨格部分を駆け回って見て、身体で感じてきました。

そのときに気づかされたことがありました。というのは、私たちの日本あるいは東京では、どうも本音と建前というのがあって、建前では「緑が大事、次世代に残す」と言いながらも、一方で経済的利益も大事だという欲を抑えることができず、結局は経済最優先で、都市は無限に郊外に拡張し、スプロール化（無秩序な拡大）して、やがて中心部にも空き家も増える。そうした問題が将来必ず課題になってくるという状態があります。

日本では街がそんな状態になっているというのに対して、ポートランドでは「都市成長限界線（ＵＧＢ＝Urban Growth Boundary」をはっきり決めていた。こうして厳格に農地や市街地を区切っている都市成長限界線を守って、市街地の膨張を許していないんです。また何より驚いたのは、オレゴン州すべての海岸５４８キロにわたって州有化しているということですね。

海岸はすべての市民のものだという知事によって州法（オレゴン州海岸保護法・１９６７年）で州有化になったというんですね。ポートランドの街中にあるウィラメット川沿いの

6車線の道路を撤去して、公園にする発想とつながっています。日本にはないヴィジョン、理念を持って長い時間をかけて都市のかたちを整えてきたことにも感心したんですが、ひと言でいえば、やっぱり「まちを変える」「都市を変容させる」というリアルな実感ですかね。これは時間もかかるし、いろいろな難題もあるんですけれども、それをバトンを引き継ぎながら半世紀かけてポートランドという街が確実に進展してきたなって感じたんですね。

　ひるがえって世田谷区にも、あるいは東京にも、都市計画の先輩方のいろいろな試行錯誤やあるいは理想の旗を掲げてきた

ウィラメット川沿いの道路を撤去してできた公園

歴史もあったと思うんですが、関東大震災や太平洋戦争の戦災もあって、私が生まれた1955年頃、ものごころがついていく時代はやっぱり経済成長優先の時代が続きましたね。その結果、今の都市の姿を見ると、ポートランドが守った姿とはかなり違ってきている部分もあります。

ただ、世田谷区でやろうとしてきた、雨水浸透桝《うすいしんとうます》を地下に入れて「世田谷ダム」をつくろうとか、水系を守りながら緑の保全をしていこうという発想というのはかろうじてまだ残っていて、そこはすぐれたレガシー（遺産）です。それでも、「もう手遅れでなんともならないのでは…」という無責任なあきらめで、都市の骨格を考えることをスルーしてきたかもしれないな、と反省をさせられたのがポートランドでした。

ヒューマンスケールを大事にする都市　幸せを追求している都市が望ましい

涌井　おっしゃる通りですね。私がじつは最初にポートランドに行ったのは、ちょうどバイセンテニアル（アメリカ建国200年）の頃ですから1976年。その頃に初めてポートランドに行ったんですね。76年というのはまだそんなにポートランドが着目をされてなかったのですが、ただバイセンテニアルを前提にして、今、おっしゃった全米で初めて高速道路をつけ替えた。ウィラメット川沿いにバンセンテニアルということを名目にして高速道路跡に広場公園、リバーサイドパークをつくったのにはびっくりしたんですよ。

保坂　バイセンテニアルを名目に使ったということですか。

涌井　さすがあれだけの規模の高速道路をつけ替えるっていうのは何かの動機がなければダメで、それでおそらく建国200年を記念して、ということにしたんじゃないかと思うんですよ（笑）。ですから高速道路跡の公園に行くと碑があって、建国200年を機に高速道路のつけ替えをやることにした、みたいなことが書いてあるんですね。やっぱりそういうことが動機としてないと、建前としてなかなか成立しなかったんじゃないかと思うんですね。

保坂　建国200年記念を大義名分にうまく活かしたということですね。

涌井　上手にレバレッジ（テコ）にしたと言ったほうが正解ですね。そのときに「ポートランドは他の都市と違うな」という強い印象を持ったんですよ。コンパクトであるし、非常に先進的ですし、「なにかこの街は化けるかもしれないな」という感じを持ちました。ですが街全体は、まだ今日私たちが目にしているような印象ではありませんでしたね。

保坂　当時はまだパール地区の再開発などほとんど始まってないですよね。

涌井　ええ、まだ中心部の鉄道操車場があって寂れたところもかなりあったんですが、でも「なにか他の都市とは違うな」という印象を持ったんですね。それでその頃に、建築や土木などのコンサルタント事務所がシアトルからポートランドに移ってきて、かなりそういう知的なソースを持った事務所が結構ポートランドに集まり始めた頃なんです。やっぱりなにか違うなと。それからなんと言っても、住宅の質がすごく高いんですよ。

これは違うというふうに思っていたのですが、その後、1991年頃からアメリカに「ある種の運動」が起きるんですね。それは一体なにかというと、1991年にアワニー原則（持続可能なまちづくりを目指すコミュニティ及び地域の原則を定めた）というのが出されるのですが、アメリカの都市がなぜダメになったのかということを専門家たちが考えるようになり、ヨセミテ国立公園のアワニー・ロッジという所に集まったんですね。

保坂　カリフォルニア州のヨセミテ国立公園ですね。

ポートランドと世田谷は立ち位置は違っても同じ素地がある

涌井　はい。そのアワニー・ロッジに集まってみんなで議論したんです。アメリカの都市が、自動車に支配され過ぎている。要するに自動車に支配されて自然を駆逐《くちく》してしまったわけですね。自分の居住している場というか土地に対して、愛着心ですとか誇りを失っていった。それでコミュニティがどんどん崩壊して、都市がただ利益を得るだけのかたちになってしまった。これをもう一度見直さなきゃいけない。そういう運動が起きたんです。

それが96年に「ニューアーバニズム憲章」（自然環境の保全、歩行者と公共交通に配慮したコミュニティ、アクセスしやすい公共空間とコミュニティ施設、広範な市民参加などをうたっている）にまとまったんです。それがコンパクトシティのもとになっていきます。都市はもっとヒューマンスケールを大事にして、人間が歩いたり自転車に乗ったり、それから地域の自然的特性を健全に再生した機能集約型都市にしていく。要するに人間のハピネス、幸せを追求している都市が望ましい。都市は単なる経済にかたよった生産拠点じゃないんだという方向にガラリと変わっていったんですね。

たぶん私の記憶では、1970年代に行ったポートランドではすでにそういう下地があったんですね。その頃からそういう方向に力をかけて進化していったのが、結果として今のポートランドになっているんじゃないかなと思います。

ひるがえって世田谷を考えてみますと、世田谷には、私が学生時代ですから50年前のお話ですが（笑）、じつは環八（環状8号線）のところにものすごい緑地帯があったんですよ。これはいわゆる東京復興計画（戦災復興都市計画＝太平洋戦争後の日本において空襲等を受けて破壊された都市の復興のため、戦災復興土地区画整理事業等によって進められた都市計画事業）というなかで、つくられたものだったんです。

保坂　グリーンベルト構想ですね。

涌井　はい。国はグリーンベルト構想というのを持っていたんです。砧緑地もそうですけど、あのあたりは植木屋さんがずうっと軒を連ねていましてね。緑あふれる場所だったたんですよ。これはすごいなと。もともとそれは関東大震災の時に後藤新平（第7代東京市長などを歴任）がつくった帝都復興計画の流れを引いているもので、グリーンベルト構想そのものでした。

世田谷に緑の拠点網を担っていくという構想にしたがい、多摩川から環八沿に道幅10キロメートルのグリーンベルトをつくるという構想があった。これがいつの間にか、先ほど区長もおっしゃったように、いわゆる経済成長に舵がきられ、変容してしまったんです。

保坂　それがたしか戦時中は防空緑地という位置づけに変わったんですね。

涌井　高射砲を隠したり、空襲の延焼を防いだり、避難路として使うとか…

保坂　防空緑地への変更は、戦時中でもちゃんと位置づけられていたんですね。

涌井　そういうことを考えてみると、ポートランドと世田谷は、立ち位置は違うにしても同じ素地はあるな、というのが共通項として見えるんですよ。私のような専門の立場からするとそう見える（笑）。

まったく基盤がないところで、ポートランドと同じような理想を掲げようとしても、これは無理なんです。世田谷は十分そうした歴史の積み上げがあったということを考えてみると、ポートランドとのつながりも必然なんじゃないかなというふうに見えてくるんですね。

保坂　グリーンベルト構想は高度経済成長のなかで、１９６９年に最終的に廃止になってしまったんですね。

涌井　それがなんといっても残念です。

保坂　グリーンベルト構想の廃止は残念でしたが、砧公園などにはいくらかその痕跡を残しています。世田谷区ではもう一つのグリーンベルトに多摩川の流れに沿った国分寺崖線があって、ここは傾斜地ゆえになかなか開発も難しかったんですね。今、私たちは二子玉川でお話していますが、ここは崖線に近く景観もいいというので、かつては実業家や政治家などが別邸や別荘で週末に少しゆっくりするという場所でもあったんですね。世田谷区はその斜面緑地の保全に非常に力を入れてきたんですね。

涌井　野川から多摩川にかけての国分寺崖線の斜面緑地が残りましたが、結果として守られて、あわせてあそこには、じつは歴史的遺産の埋蔵物、弥生式土器などは結構あるんですね。

保坂　はい、相当な遺跡の数があります。

涌井　同時になにが守られたかというと、地下水から湧水が守られた。いわゆる地下水の「ハケ」というやつですね。武蔵野台地のハケという。ちょうど国分寺市真姿の池湧水から泉がしみ出して、世田谷に入っても湧水がチョロチョロ流れて野川に流れるという水系の保全までやってきたというのは、やはり誇るべき歴史だと思うんですよ。

保坂　そういう意味では、世田谷はエコロジーという言葉が一般的になる、はるか前から意識して緑の保全に取り組んできた。グリーンベルト構想は途切れたけれど、緑の政策というのは長期間にわたって、一生懸命やってきたんですね。ただポートランドに行ってみると、都市の公園と言うものの、実感としては街のなかに森みたいな広い自然があって、砧公園が小っちゃく見えるようなスケール感っていうのはやっぱりすごいですね。

涌井　ポートランドのそれはスローガンやお題目としての緑の保全ではなくて、社会的なインフラとして緑をちゃんと位置づけているんですね。単なる成熟だけじゃない、内向きの幸せを実現するだけではなかった。ポートランドでは、経済的成果も目論み、産業も呼び込むことに成功したということですね。その相乗積が、実質的な魅力ある価値を示すことに成功したんじゃないかと思うんですね。

保坂　そうですね。郊外にはもちろん緑ありますけど、中心市街地からそう遠くない街の中に自然公園があって、ちょっとハイキングしたり、ランニングしたり、ゆっくり歩いたりできるっていうのはやっぱり素晴らしいし、また街を歩いてみると3〜4街区に一つぐらいの割で都市公園がある。

涌井　そうです。

保坂　子どもたちが遊んでいたり、のびのびとした風景がひろがっています。世田谷の公園も、国から次々と土地を購入するなど、整備のために一生懸命やっていると思うんですけど、それでもやっぱり比べてみると世田谷よりも公園の存在感は圧倒的に大きい。ポートランドでの「公園をつくっていくんだ」という熱意はなかなかすごいなと思いました。

涌井　それともう一つ世田谷と違うのは、やはりこうした都市づくりが産業力につながってくるだろうと思えることですね。しかも今はインターネットで世界中がつながっているわけですから、在宅でクリエイティビティな仕事ができるし、個性的な産業を惹起するかもしれない。

やはり今までのフォーディズム（ベルトコンベアによる流れ作業方式）というか、古い時代の産業革命の延長線上で経済を考えていくというのは間違いですよね。

生産者と消費者が協働作業を行なうそこに可能性がある

保坂　そうですね。たとえば今日、私は次大夫堀公園で年1回開かれる「手づくり市」という、その名のとおりの、手でつくったもの、ハンドメイドのものを一同に集めて売っている催しに参加してきました。これが世田谷ならではの、喜多見にある次大夫堀公園という区民が日常的に使っている公園だからできる催しなんですね。

そのなかの一つに鍛冶屋《かじや》のグループがあって、私が素晴らしいと思ったのは、そのグループにいいオヤジさんたちが集まって、いろんなものをつくっているんですね。オリジナルの金釘やノミをつくっていたり、包丁研ぎもやってくれる。それから女性たちを中心に藍《あい》染《ぞ》めをやっているグループもある。糸紡《いとつむ》ぎや機織《はたお》りのグループもあってイキイキと活動している。

　この次大夫堀公園に隣接して1000平米くらいの農地があります。何年か前、ちょうど正月に行ったら、農園を利用されている区民の方が「このままだと相続で農地がなくなって建て売り住宅になってしまいます」と言うので、すぐに動いて関係者と交渉を進めて、ギリギリで分譲地売却をとどめることができて、区で買い取ることができたので、次大夫堀公園の中に農地が生まれたんですね。

　そうして現在はそこで綿花《めんか》を栽培しています。綿をつくって、糸紡ぎのグループが綿から糸を紡いで、それを織って藍染めで染め上げるという完全循環のスカーフができています。そばも収穫しています。また、そば打ちのグループが40人ぐらいでそばをつくっていて、11時前に行ったらてんやわんやの賑わいで、もうどんどん自慢のそばを出している。

　また公園内の木挽《こび》きの会では、丸太を調達してきて家具をつくっている。そこで私は年配の男性から丹精込めてつくった靴ベラを「区長は背が高いからこれがいいでしょう」と勧められました。それで、優れものの大きい靴ベラを買いましたけど（笑）。900人の入場があったそうですが、ほとんど宣伝もしていないのに、年々参加者の輪がひろがっていると言っていました。

大量消費、大量生産の社会では、どうしても生産者と消費者がくっきり分れてしまう。生協や消費者運動では、そうした生産者と消費者を結ぶ試みというのはある程度実を結んでいるとは思いますが、それでも距離があります。じつは今日、「手づくり市」の次に都市農業を保全するというシンポジウムにも参加してきたんです。

女性農業従事者にスポットを当てたイベントで、女性が二人登壇していました。一人の方は「やはり女性なので力もないし、農機具を扱うのも大変です」というお話だったんですが、もう一人の方は「すべて一人でやっている」と言うんですよ。それで二つの面白いことをお話されていたんですが、一つは、「自分は主婦で台所に立つので、その目線で工夫して無料販売所で野菜を売っている」という内容でした。サラダミックスと名づけてビニール袋に色とりどりの野菜を入れてあって、これ1袋持って帰ってざっと洗っただけで並べれば、それだけで色彩豊かな料理が引き立つというので大変に好評だそうです。

その方はれい子さんというのですが、「チームれい子」というグループがあって、まわりの人たちが一人では大変だろうからっていうことで、畑の近所にお住まいの方が女性が

5人、男性が2人でチームをつくっているんです。「次はこれをやろう！」とか言ってお手伝いのレベルを超えて協働作業になっている。計画を立て、作業も一緒にやってくれているそうなんですね。これまで生産者と消費者がくっきり分かれていたものが、今では垣根がなくなっている。それで彼女たちの活動にはすごく可能性があるなと感じました。

自然や緑と切り離して街のありようを考えることはできない

涌井　おそらく、そこはこの後の話になるグリーンインフラにも関わるのでしょう。第一次世界大戦前のドイツで、工業や鉱業が発達して西の都市部に産業力がついた時代に、東の貧しい農村地域は崩壊するんです。農村から西の都市に農民が流れ込んできて、子どもたちが栄養失調になり、くる病や壊血病にかかったんですね。そのときにドクター・シュレーバーという人が、シュトゥットガルトで子どもたちの栄養状態を改善するために3坪とか5坪の小さな都市農園をみんなに提供したんです。それがシュレーバーの名からつけて「シュレーバーガルテン」としてだんだんドイツに浸透して、「クラインガルテン」という集団型・賃貸型の市民農園になったんですね。

保坂　以前、世田谷の砧にもクラインガルテンはつくられて、大いにひろげようとかけ声をかけていた時期もありました。

涌井　ドイツ人にとってこのクラインガルテンを持てるか、持てないかというのは、自分の暮らしが豊かであるかどうかということの証拠になるんですね。ただし、ルールがあって、果樹以外のものを植えていけない。高さ10ｍを超える木になってもいけない。小屋はいくらでもつくっていいが、寝泊まりをしてはいけない。だいたい10坪ぐらいの結構な空間が提供されて、それを持てるか持てないかで、ドイツ人の幸せ感をすごく左右するという状況があるんですよ。

ですから、ドイツ人は意外と自給自足指向のような部分があって、そこを考えていったときに世田谷の都市農地というのは、ポートランドと同じように自然や緑と切り離してこの街のありようを考えることができないというのが、私の持論なんです。

保坂　ロシアでもダーチャという菜園つきセカンドハウスがありますね。

涌井　ロシアでもダーチャを持っているか、いないかというのは重要ですよね。

保坂　ポートランドの話の最後になりますが、都市のランドスケープをクリエイティブにデザインする「プレイス」という技術集団が見せてくれたのが、グリーンインフラの技術的先端をいく現場でした。オフィスビルが何棟か建っている一区画でしたが、そのビル自体が排水を下水につないでいないことに大変驚いたんですね。「それで本当に大丈夫なんだろうか?」と（笑）。

ポートランドは雨の多い時期とほとんど降らない時期に分かれているので、多く降った時期の雨を蓄えておいて、日本の昔の街にもあるようなお堀のような水路を張りめぐらせていて、トイレで排出されるものもタンクで溜めて、これを分解させて水分も利用している。

なぜこのような下水につながないビル群をつくったのかを聞いてみると、理想を目指してつくったというよりは、このエリアはそもそも下水をもう最大限度までも使っているので市から許可が出ない。なので「下水につながないという条件で建てた」というんですね。これできあがってみると、やはり世界中から「見に来たい」とか言われているそうです。これだけ豪雨災害がひどい東京や日本で、これは本当に参考になる技術なのではないかと思ったんです。

涌井　高層ビルをつくるときには、必ずかなりの規模の基礎が要るんですね。その基礎の部分にボイド（建築物内の空所）ができます。これを活用すれば大規模な貯水槽ができます。そこに微生物を入れればある程度浄化できるんです。それから雨水は浄化する必要がないのでそのまま溜めて、上限を超えるものをオーバーフローさせて地下に浸透させていくというやり方をとることもできそうです。こういうやり方はじつに意味があると思います。今、世田谷も豪雨対策に非常に先進的に取り組んでいますね。

世田谷の豪雨対策はグリーンインフラと緑の拡充で

保坂　重要なのはグリーンインフラと緑の拡充を兼ねる政策ですね。

涌井　世田谷区の「みどりの基本計画」と「豪雨対策行動計画」のなかに、グリーンインフラという言葉が使われているんですけれども、じつはひとつの制度として、行政組織のなかにグリーンインフラというもの取り込んだのは、世田谷区が日本で初めてなんです。（下図参照）

保坂　グリーンインフラは急速に注目されてきました。

涌井　これはものすごく先進性の高い取り組みで、グリーンインフラという概念を一自治体がちゃんと打ち出したということだけでも私は価値があると思います。しかも2022年に実施される生産緑地法の改廃によって、都市農地に今までモラトリアムをかけていたのが、ワッと外れてしまうこ

流域対策のイメージ

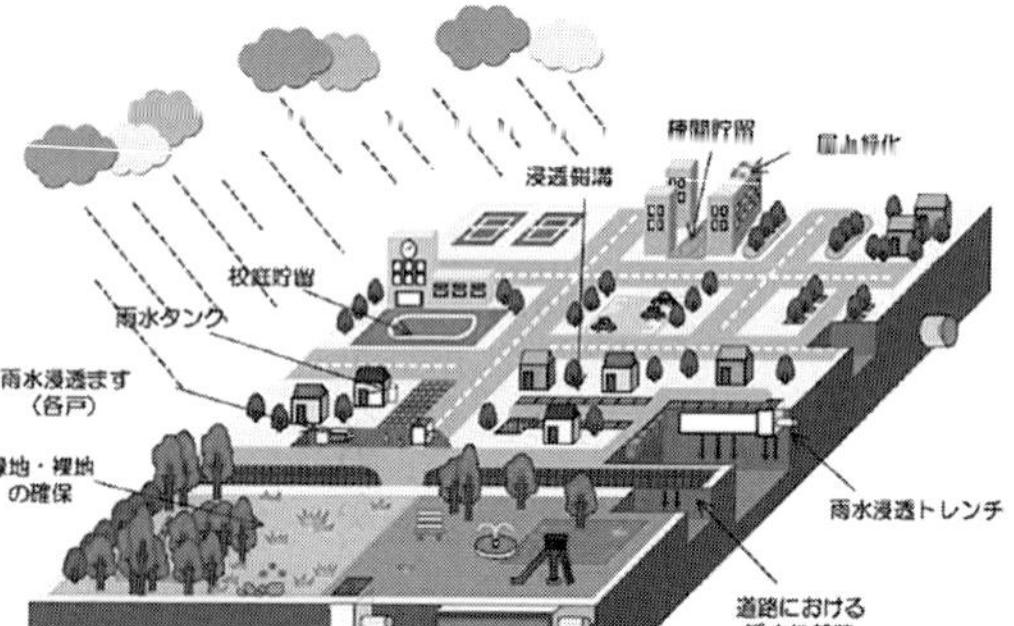

［出典：世田谷区雨水流出抑制施設の設置に関する指導要綱の手引き］

の時期に取り組んだことに意味がありますね。

保坂　この「2022年問題」は、不動産業界で話題になっていますよね。農地には作物ができるだけでなく防災などに役立ち、環境保全にも良いなど多くの機能があります。これまで優遇されていた固定資産税の措置が外されてしまうことで、多くの農地所有者が土地を手放してしまうのではないかと危惧されている問題ですね。

涌井　これまでの都市内農地が大量に市場に出るので、地価が下落するのか、宅地用地として考えられていた土地が乱開発されるのか…とか。

保坂　ですから、こうした見方や考え方自体がまだまだ過去の価値観なんですね。

涌井　そう。宅地化という恐竜が地中から這い出してくる可能性もある。しかしグリーンインフラという概念を先手を取って先に出したときに、都市農地にもっと新たな役割を見直そうではないかという発想が生まれる。都市農地そのものが消費者とじかに密接につながるとなれば、宅地化することで公益性を失ってしまうよりも、農地を持っていること自体がもっと大きな価値を経済的に生み出すかもしれない。そうしたひとつの戦略を内包しながら打ち出されたんじゃないかなというふうに私は解釈しています。

保坂　これまでは緑というと「心を和ませる」とか「緑があっていいですね」というレベルで止まっていた。緑は根がなければいけないし、木は土がなければ育たないというところを文明が軽視して、効率優先で全部アスファルトで固めてしまった。そのために雨水が土にしみこまずに一気に排水口に流れ込み、下水道のキャパを超えて内水氾濫（市街地に降った雨が短時間で排水路や下水管に一挙に流入し、雨水処理能力を超えてあふれること）となる豪雨災害が当たり前のように起こるようになった。

涌井　アスファルトやコンクリートの人工面の地面がどんどん増えているわけです。

保坂　それを江戸の昔からわれわれの祖先が古代から向き合ってきた、水を受けとめながら、時折の豪雨を、今は時折ではないですが……受けとめて、遊水池などに回していく知恵の集積に立ち戻っていくことが必要になってくる。今までの問題意識だと、建物の環境評価は電力をどれだけ使わないかとか、あるいは熱効率や断熱の性能が言われてきました。これからの時代は、もう一つ雨水をどれだけ下水に負荷をかけないかないかという評価基準もつくるべきじゃないかと思います。

涌井　ですからポートランドがＬＥＥＤ（Leadership in Energy and Environmental Design）

というグリーンビルディング（環境貢献型建築）の建築基準を使って、いかにそれぞれの建物が環境に対して、負荷をかけないで貢献するのかという評価をするということが、ポートランドの都市開発の上で必須条件になっている。このような変化は当然だと思うんですよ。

これまで企業は、ＣＳＲ（Corporate Social Responsibility：企業の社会的責任）でやってきた。余剰利益をいかにして社会還元するかという考え方だった。でも今はＣＳＶ（Creating Shared Value：共通価値の創造）なんです。社会的共通価値と企業の存立価値をいかにイコールしていくかというふうに変わってきたんです。すでにそういう時代になってきた。

企業も、単なる稼ぐだけの企業じゃなくて、企業市民という言葉が使われるようになるほど市民と同じフラットな関係ができている。生産者と消費者がより強く結びついていく。買ってもらうだけじゃなくて、利用してもらうリース料で企業は生きていく、所有と利用の分離帯がない状況がどんどん進んでいくという考え方です。

これはもう信頼関係がないとできないんですね。ある種のコミュニティですよね。近隣のコミュニティということだけじゃなくて、世代のコミュニティ。さらに言えば階層をつなぐコミュニティ。それに企業と市民が協働するコミュニティ。あえて言えば遊びのコミュニティですね。

いろんなコミュニティのレイヤー（層）が複雑にからみ合っていけば、暮らしやすい都市戦略が実現できるのではないか。そのつなぎ目にあるのが、グリーンインフラという概念じゃないかというふうに僕は勝手に受けとめているんですね。

グリーンインフラという概念を区政のなかに位置づけたことに意味がある

保坂　世田谷区からも、これからポートランドのグリーンインフラに関わる水をうまく扱っていくような技術を勉強していくし、また区では雨水タンクや雨水浸透桝はもう30年以上前から補助を出しています。いわゆる都市づくりというなかでは、水の循環に関しては相当取り組んできたというレガシー（遺産）がある。私としても、グリーンインフラは過去の集積に基づいたもので、突然に思いついての話ではないんです。

涌井　まったくそのとおりですよ。世田谷区には区政１００周年の２０３２年に世田谷全体のみどり率を33％にするよう目指す「世田谷みどり33」という取り組みもあります。今は25・18％（２０１６年みどりの基本調査）ですが、あと10年と少しです。ですから、そうした取り組みで都市農地を守りながらグリーンインフラという発想を駆使して、都市の災害対策も強くし、全国的にひろげていくことであわせてコミュニティの接着役にもなる。

とりわけグリーンインフラという概念を区政のなかに位置づけたということが、僕はすごく意味があると思う。ひょっとすると区政１００年の頃にはポートランドが世田谷区に学びに来るかもしれない（笑）。いや、それでいいと思うんですよ。

保坂　はい、現在も耐震の技術については、ポートランド側も勉強したいと言ってますね。やっぱり日本に比べると、あちらの建物は地震には弱いみたいですからね。

涌井　オレゴン州やポートランドは火山帯にあるので、ものすごく大きな地震の可能性があるんですね。

あとはどれだけ文化的な熟度を上げていくのか。世田谷は人口も多いですが、ありとあらゆる所にアーティストがいる。世田谷だったら、もうちょっと「サブカルチャーもやってもいいよ」というのがあってもいいと思っているんですよ。メインストリームというのは、次を担うサブカルチャーの芽生えがないとダメなんですね。

たとえば渋谷が繁栄しているのは、左側に原宿というファッションのウイングがあって右側に恵比寿という酒食のカオスがある。ちょっとカッコいいことしたいなと思ったら渋谷から原宿のほうに行く。酒でも飲みたいな、こんな時間にやっているだろうかと恵比寿のほうに行くと、酒も料理も美味い店がある。サブシステムのような対応性がたくさんあることが、都市をさらに魅力的にすると思うんです。

それを世田谷に当てはめれば、カッコいいのは二子玉川で、カオスは三軒茶屋とか（笑）。そういうなにか機能分担をしながら「世田谷って結構面白いじゃないの？」っていうふうになってくればいいなと思っています。

保坂 「アートは下北沢」とかですね（笑）。

このところ、ちょっと思いついて気に入っているキャッチコピーがあります。これからの世田谷区を方向づけていくだけでなくて、この時代が目指すものだと思うのですが、「あるものを活かし、ないものをつくる」という言葉です。

じつは私も、世田谷区長を7期28年務めた大場啓二区長から引き継いでいることも多いんですね。大場区長はじつに人づき合いが良くて、交流自治体を数え切れないぐらいつくったんです。毎年夏に多くの区民が続々と来訪する「せたがやふるさと区民まつり」になると40もの交流自治体がブースを並べて、特産物を売る。これがまた半端じゃないくらい売れるという実績値を重ねてきた。これがすでに「あるもの」ですよね。

でも、ただ売っているだけではなくて、このお祭りで自治体をアピールするために市町村長も10人以上は来ていますので、せっかく集まったのだからと私から声をかけて、首長交流会議というのをやるようになったんですね。

さらに祭りのさなかではではなかなか落ち着かないというので、世田谷区が呼びかける「自治体間連携フォーラム」を年に一回、全国の交流自治体で開催し、各地を回るようにしたんです。まずは世田谷区民の「区民健康村」になっている群馬県の川場村でも開催しました。その次に長野県の飯田市の近くの豊岡村で、その次は新潟県の十日町でやろうとか。それも北海道からわざわざ首長さんが来たり、相当遠くからもみなさん集まるんですね。

世田谷がおつき合いしているのは小さな市町村が多いんですね。そうすると、都市における人口の集中と、一方で深刻な地方の過疎の問題という正反対の課題を持っている自治体同士が向き合うわけです。世田谷区は待機児童で大変だけど、一方で地方では人口減が進み、子どもが生まれる数も少ない。どうしたらいいんだという危機感も強いんです。そこで自治体間連携フォーラムに、「遠いけれどぜひ参加したい」という首長さんも多いんですね。

東京が若者のみならず働き盛りの人まで吸い上げてしまい、富も人材も情報も全部独占しているという構図がこれ以上続いていくなら、都市の暮らしも最終的には全部へタってしまう。全国の市町村から第一次産業などの担い手がいなくなれば、日本全体が沈没しまう。都市生活の豊かさは、地方の豊かな資源や支えがあってこそ成立しているんです。

いわゆるＦＴＡ（自由貿易協定）や、ＴＰＰ（環太平洋パートナーシップ協定）などで海外のものを買わされて、巨大市場で流通する海外の生産物を食べるという、地産地消とは程遠い世界になってしまう。そのためにはやはり全国の市町村の苦闘している首長さん以下、地域の人たちと心からつながって都市を豊かにしていくという取り組みに力を入れています。

都市部と全国の市町村とのつながりが大切

涌井　じつは今、日本の国土計画のなかでスーパー・メガリージョンという構想が進んでいます。政府が非常に不安になっているのは、超少子高齢化によって労働生産人口が縮退をすることとです。それによってＧＤＰの成長が妨げられ、日本の経済がシュリンク（縮小）してしまう。だから、労働生産人口を交通改善によって3時間圏内に集約させる。そのツールがリニア新幹線なんですね。

そしてこれによって、とりあえず名古屋と東京の間に強力な磁場をつくって、そこに全国の労働生産年齢人口を集めようというのがこのスーパー・メガリージョンという構想なんです。ところが国は、それとはまったく矛盾した地方創生も言っているわけです。これに対して僕は「それはおかしい」と評論しているところなんですよ。

なぜ反対かというと、ダボス会議でもはっきり言われているんです。つまり、これからの国力なり経済力というのは、労働生産年齢人口の多寡《たか》には無関係だと。むしろITとかロボティックスだとか、バイオだとか、最先端の科学技術を駆使できる国々、15ヶ国と言われているんですけども、そこが世界経済をリードしていくだろうと。

むしろ、先進国が警戒しなければいけないのは、その結果職を奪われる多くのホワイトカラーをどうしたら失業の憂き目にあわせないようにするのか。ダボス会議ではそのことのほうが重要な政策だと言ってるんですよ。ということは、労働生産年齢人口の減少によって経済の縮退が起きるという考えは明らかに間違いなんです。

ではこれから何が大事かというと、まず一点目は、人の移動、それも新たなクリエーションを生み出すための頭と心の健康維持です。〝交流〟という考え方はもう古く、これからは、創造性や革新性を支える意味からも〝対流〟が必要だと言っているんです。〝交流〟というのは1回行っておしまいなんです。〝対流〟というのはしょっちゅう双方で行ったり来たりする。世田谷が信頼を受けているのは、やはり川場村で、持続的な都市と農村の対流像をつくったわけです。これは世界的にみても、地方と都市の対流現象のモデルになっているんですね。そうした信頼関係をほかの首長さんたちが見ているから、世田谷といい関係をつくれば川場村と同じようなことができるんだという期待値があるんですね。
同時に世田谷に今住んでいる人たちもほとんど故郷と縁が断ち切られた漂流民ですから、故郷が欲しいわけです。ですから川場を大事にしながらも、他のいろいろな市町村と〝対流〟をしていくということがやはり豊かさを深めることにつながっていくと思うんです。
世田谷区民がどこにでも世田谷のスピリットを持って、〝世田谷暮らし〟というものを確立するために多くの地方と対流していくような、そういう区をつくっていきましょうよ、まちをつくっていきましょうということが一つの戦略になったらいいと思いますね。
保坂　激甚災害時の安全確保や長期避難という観点からすれば、都市部の私たちと、どれだけ深い関係が地方とあるのか、首長同士が電話一本でなにを送ってくれと言えるのかお互いが試されると思っています。
涌井　じつは意外と知られてないのは、３・11の時にそういう連携協定で、岩手県の遠野が果たした役割は大きいんです。
保坂　私も少し聞いています。

涌井　震災が起きる前の２００７年11月に、遠野市は９市町村と「後方支援拠点施設整備推進協議会」を設立した。その結果、３・11では震災が起きると、棺桶からなにから全部遠野が手配した。たしかにおっしゃるとおり都市の安全性というのは、災害などで孤立したときにそれまで仲良くしていたところどれだけうまくやるかっていうことにかかってくる。

ですから世田谷区民を守るためにも、そういうリダンダンシー（冗長性・余剰を意味し、災害発生時のネットワークを多重化する）を高めることとして、対流性を惹起《じゃっき》していくのでしたら大賛成ですね。

保坂　試行錯誤しながらも社会的な政策を少しずつ実現するなかで、私は福祉にも災害対策にも共通項があることに気づいたんです。個人が信頼できる友だちや先輩後輩でもいいんですけれども、いざという時に助けてくれている、また、自分が助けるつながりを持っているのかが大事なんだと思います。その観点は、都市と全国各地の市町村とのつながりにもそのまま当てはまるのかなと思いました。東京や世田谷のリスクは人口集中による災害時の自力更生の困難さです。

涌井　そういう意味では、たぶん世田谷が目指すものはハードなグリーンインフラを確立しながら、さらにグリーン・コミュニティを磨き上げていくということなんじゃないかな。

交流自治体の資源と大学ネットワークをクロスさせたい

保坂　そうですね。もう一つ世田谷区に「あるもの」で言うと、涌井さんがかかわりの深い東京都市大学も含めて〝大学〟という社会資源なんですね。日大商学部と文理学部のキャンパスなどもあるので、それらも含めて世田谷区内には16の大学・学部があります。世田谷区内には、大学生が昼間は7万7000人いるというんですね。

それで、世田谷区長として呼びかける学長懇談会を2014年から開かせていただいています。学長さん、学部長さん自身の出席率が非常に高い。学長懇談会は年1回開催で今まで5回開かれていますが、その合間に大学と区の事務局同士の打合せや会合があって、意見交換などを行なっています。

たとえば、等々力渓谷を浄水化しようという土木技術に強い東京都市大とのプロジェクトをはじめ、最近の地域のイベントにはいろんな大学生が集まってきていますので、産業能率大学が玉川地域の商店街とつながったり、昭和女子大が太子堂商店街とつながったり、商店街を調査して課題出しと解決プランまで考える。成城大学や国士舘大学、駒澤大学、東京農業大学、日本女子体育大学でも地域コミュニティのなかに学生が入っていって、防災訓練やまちづくりに参加しています。

じつは、世田谷区役所本庁舎の再整備という課題に直面しているわけですが、区民会館ホールを改修して残し、さらに新しい機能を付加しようとしています。楽屋とかリハーサルスタジオなどを新設する予定です。こうした改修の方法でも2年余りの間、区民会館はクローズせざるをえないんですね。仮にもし全部壊した場合は、さらに閉鎖期間は長期間になりますが、リノベーションなのでこれでも短縮しました。

この2年間をどうしのぐかというと、毎年1000人規模で行なわれるイベント行事などを中止するわけにいかない。やはり大学の資源をお借りするしかないだろうということで、そのシステム構築を今から始めていこうという話をしています。

大学側の反応もこの懇談会を始めた頃とは変わってきて、各大学が積極的に得意どころを活かしてやっていこうというようになってきました。ちょっと欲張りかもしれないんですが、40もの交流自治体があって特有の資源を持っている。一方で大学のネットワークもある。ここをごちゃごちゃっと混ぜてクロスさせて、いろいろつながりをつくったら、さらに面白いことが起こりうるんじゃないかなと思っているんです。

涌井　大学の側にもニーズがあるんですよ。文部科学省も「特色ある大学づくり」を言っています。現代GP（現代的教育ニーズ取組支援プログラム）という言い方で、それぞれの大学が地域といかに密接な関係をつくるのか。地域に根ざした研究がどのぐらいあるのかということが、補助金の採択での大学評価の大きなポイントになっているんですね。だから逆に言うと、地域とつながることは大学側のニーズなんです。大学はやっぱりどうしても補助金でやっていかざるをえないところがある。ですから世田谷区とのコラボは、大学側にとってもすごく魅力的に映るんじゃないでしょうかね。

保坂　そうですね。大学はそれぞれのゼミごとにフィールドワークや合宿もするでしょうし、そういったときに、大学側が使いたい会場を世田谷区も加わったプラットフォームとして、ほかの自治体に仲介する。すでに自治体交流を重ねていることで顔と顔が見えてくるので、仲介者がしっかりしていればそんなに無軌道なことにはならない。世田谷区がトラブル回避のクッション役になって、バランスをとる役割ができると思うんですね。直近の自治体交流会では、新潟の十日町でそんな話をしてきました。

涌井　十日町などはまさに「大地の芸術祭　越後妻有アートトリエンナーレ」の中心地ですものね。

保坂　はい。まさにあの3年に1回のアートフェスティバルに合わせて、2018年は自治体連携フォーラムを十日町で開催したんです。もう一つは若者も、子育て世代も分け隔てない、さまざまな分野での〝対流〟もありだと思っているんです。地方にしっかりとした仕事があれば、村営住宅もあるし、木工の工場もある。保育も充実していてもちろん待機児なんていない。

涌井　私が学長を務める岐阜県立森林文化アカデミーでやっている「森のようちえん」などは、名古屋から何百人も来るんですから。いかにそういう場所を活用しているかなんですね。あれだけ安全な場所で、子どもたちも走り回っていましたでしょ。今度は

HAUS DES WALDES（ハウス＝デス＝ヴァルデス：森の家）という森林環境教育総合センターをつくるので、そこへ大人もおじいさんもおばあさんも来れるようになる。そういう時代ですよね。

「あるものを活かす」地域に根ざした福祉

保坂　もう一つ、欠かすことのできないテーマが地域に根ざした福祉です。今は「まちづくりセンター」と呼んでいますが、かつて大場啓二区政時代には世田谷区内には27ヵ所の出張所がありまして、転入・転出や身近な窓口機能を持っていました。大場区長退任の後、私の前任にあたる熊本哲之《のりゆき》区長時代の行革で、窓口事務をやるのはちょっと人手がかかり過ぎるということで、窓口機能のある場所を7カ所だけにして、その他の20カ所は「まちづくりセンター」としました。

その地域の町会自治会との継続的に支えていく役割を、私が区長に就任した頃はやっていた。都市部ではまれな地区行政施設が世田谷には27カ所残っていました。これを活用すべきと考えましたね。そこで27カ所で車座集会をやったんですね。それで区内をひと巡りしました。

1カ所で2時間ずつ。私のほうからは5分程度のあいさつだけで、15人から20人ぐらいの人にテーマを絞らずに何でもいいから言ってもらう。ただし「発言時間は3分でお願いします」と言ってマイクを回していくなかで、一巡してわかったこともありました。

この地区施設には必ずコミュニティルームあって、50人ぐらい入れるスペースを27ヵ所が持っていた。ところが車座集会に集まってくる人たちは、必ずしもいつも活用しているわけではない。意見を出してもらうと、高齢化社会を前にした介護・福祉への強い関心と、区民サービスや福祉の窓口を探す苦労の声が耳に残りました。

これも「あるものを活かす」という発想なのですが、まちづくりセンターと同じく27の区割で地域包括支援センター、世田谷でいうと「あんしんすこやかセンター」があったんですね。高齢・介護に関してはトータルに相談から手続きも全部一括してここでできる。だけど同じ区割りなんだけれども、それぞれ別の場所にあったんですよ。

それで、私が「まちづくりセンターと、あんしんすこやかセンター、社会福祉協議会を一緒にしたらどうか？」と提案したわけです。そうしたら職員からは「区長、方向としては賛成ですけど、実現するまでに最低5年はかかりますよ」という話でした。でも高齢化の波は意外と早く押し寄せるということで、3年でやろうということで取り組みました。

そして2016年に、三者を一体化して窓口を一元化した「福祉の相談窓口」が区内27カ所でスタートしたんです。

相談窓口の一本化で地域包括ケアを地区展開する

涌井 それも賛成です。私はこれからの社会資本というのは、もう道路は道路、公園は公園、河川は河川と別々にやってちゃダメだ。それで私もいろいろな機能を複合化すべきという論を実装化したのが、首都高の大橋ジャンクション（東京都目黒区）なんですね。道路の上を覆蓋《ふくがい》化して都市公園をつくればいいじゃないかということで、ループの屋上部分に目黒天空庭園をつくった。やっぱり単一の機能だけじゃダメなんですね。

保坂　はい。今、お話した窓口の一本化を世田谷では「地域包括ケアの地区展開」と呼んでいます。

私が設計図として描いていたのは、縦割りをもう一度、横串を刺してつなげようということだったんです。就任した当時は区民の苦情がずいぶんありました。相談に行ってもたらい回しにされて、「だからどこに相談すれば、いいんだ⁉」というので、それじゃ「ここへ来て下さい」という「福祉の相談窓口」を27ヵ所つくったんです。

ただ、相談窓口をつくるだけだと無限にいろいろな話が持ち込まれて、いわゆる行政依存体質を生みやすいので、そこはちゃんと「参加と協働」という旗印をしっかりと立てて、住民の活動が土台になって、それが27の地区で自発的な自治の力となっていく。たとえば社会的孤独の問題とか、そうした問題はその地域で解決していくというふうになるといいなというのが、当時の発想でした。

涌井　ですからそこが、グリーンインフラこそが地域のつなぎになる接着剤みたいなものになりうると私が言っていることなんです。Xという人が、YとかZとかいう複数のコミュニティに所属して構わないんだけど、それをつなぐのが緑だっていうふうに考えていくのがすごく大事だっていうのはそこなんですよね。

封建時代は公権力が強いから被圧された私権を共同で守るために匿名性の高い「共助」の世界をつくって、個人が処罰を受けない仕組みをつくり上げました。そのかわり掟があって土手の草刈りとか、ドブさらいや葬式の手伝いといった相互扶助も徹底していた。

ところが戦後デモクラシーが入ってきて、頭のいい役人たちは何を考えたのかというと、「共助」を行政に取り込んだんですよね。「公」と「共」をあわせて「公共」という言葉、概念をつくった。その結果、本来は自分たちでやらなければいけない共助の世界を全部役所任せにしてしまった。それをタックス・イーター（税金の無駄遣いをして私利をむさぼる役人と彼らと結んで不当な利益を手にする民間人を指す）とタックス・ペイヤー（納税義務者）の関係にして、行政サービスは膨らむ一方に追い込まれてしまった。

保坂　「台風で落ち葉が家の前に多いぞ」というやつですね。

涌井　それで市民は「なんでもかんでも役所に持ち込めばいいや」となって、行政が水ぶくれになっちゃったのが現状だと思うんです。もう一回そこをはがしていかなければいけない、本来やるべきことはなんだろうか？　自助は当たり前としても、互助と共助の世界をどうやってつくっていくのかというのは、そのコミュニティをいかに再編するかという問題につながる。

コミュニティを再編するというのは、隣同士の親和性をよいものにつくっていくということですから、ポートランドの話ではないけども、白人と黒人が一緒に同じ舞台で楽しんでいるという世界なんですよ。老いも若きも渾然一体《こんぜんいったい》となって楽しむ盆踊りみたいなもんです（笑）。

お互いの違いを乗り越えて近しい関係になるというのは、やはり自然だとか緑の環境だとかお祭りだとかっていうことに可能性があるんですね。そこにグリーンインフラのもう一つの価値がありうるんではないかと思うんですけどね。

保坂　27ヵ所の「福祉の相談窓口」ができて、そこに社会福祉協議会の担当者も常駐してもらうようにしたんですね。このところの活動報告発表会で、うちのセンターではこんなふうにやってますという報告を聞きました。2年経ったら実践はだいぶ進化して、目指していたものに近いかたちが出てきました。

そのうちの一つはコミュニティカフェで、多世代で集まって世間話をしようという試みですね。ひとり暮らしの高齢者の方とか、障害を持っている方とか、喋り相手がいないひとり暮らしの方とかがコミュニティカフェの開催を楽しみにしていて、「いろんな方が混じりあってやってます」という報告がありました。

もう一つ、わが意を得たりと思ったのは、男性を地域活動に引っ張り出す活動です。それを女性が中心になって3ヵ所で同時にやりだしたんですね。要するに企業を卒業してリタイヤした男性たちがうまく次の生活に移行できず、生きづらさを抱えて地域に居場所がない。図書館に朝やって来て、席はいっぱいあるのになぜか順番待ちで並んでいる。〝マイシート〟を確保したいということらしいんですね。

涌井 オフィスに行って、自分の机と椅子があるという習慣から抜けられないんですよ（笑）。

「ないものをつくる」の本当の意味

保坂 ところが一人ひとりは、すごいキャリアがあったり、いろんな技術や専門知識を持っていたりする方なのに、うまくそこを発揮できないんですよね。女性たちは非常にしなやかにつながるので、男性たちをリードする女性たちが仕掛けて、集まったんですけど「あなたたちは私がこうしてつくった舞台で、1回きりの消費者ですか⁉」と挑発して、「みなさんで何かやりませんか?」という話にしていったそうです。

それで面白かったのは、「英語は自分は得意だ」という方がいて、それもそのはず、大使として海外にいらした方だったという(笑)。その方が講師になって男同士で英会話をやってみようという企画や、地域の祭りに出ていく企画など、にぎやかにいろいろ始まっているそうです。

十数年の歴史がある男性だけでつくる料理グループ「おとこの台所」は、NPOや市民活動をやっている女性たちが仕掛け人となって始まりました。これまで地域で活発に動いていた女性たちがある年齢になると、「旦那が定年になってご飯つくらなきゃいけないから私はちょっと来れないわ」となる場面が続いたらしいんですね。それで「ご飯ぐらい自分でつくらせましょうよ」ということで男の料理グループを立ち上げたところ、それがうまくひろまったんですね。世田谷区内で約350人ぐらいの男性たちが参加しています。

厨房《ちゅうぼう》がある施設に集まって、買い出し係から献立をつくる人まで、いろんな打ち合わせして…。

涌井　そこに「子ども食堂」がつくと、なおいいですね。

保坂　ええ、実際に「子ども食堂」を手伝っている人たちもいます。まずはおばあちゃんたちに食べてもらうと、自分の妻や家族を呼んで、そのうちだんだんに何十人かで食べるようになったそうです。耳にはさんだのは、グループのなかでは「自慢ばなしと過去の経歴の話はしない」という不文律があるらしいんですが（笑）。

ですから世田谷らしさということで言うと、日本の社会のひずみが世田谷区にも色濃く出ていて、人とつながれない、孤独を抱えている人とかの比率は高いですよね。

涌井　流浪の民なんですよね。居場所がない。

保坂　そうですね。イギリスは個人主義の国で、何でも自己責任だというふうに日本人からは尊敬の眼差しも得ていたと思うんですが、そのイギリスで孤独担当大臣ができました。やっぱり孤独・孤立が、アル中や麻薬中毒、自殺あるいは犯罪などに結びついていく。社会的経済的な損失は、ひどいっていうことですね。

涌井　僕の知人のホームドクターは日本人で、英国のホームドクターの資格を持っているんですね。英国のホームドクターは勝手に名乗ることができなくて、ありとあらゆる診療科に通じて、その地域の特性である疾病に精通していないといけない。試験が5年ごとにある。だからもうものすごい尊敬を集めている。その彼らがコミュニティの軸になっているんですね。それぐらい英国は深刻なんです。これはサッチャー政権のあおりですね。

保坂　公共サービスを縮小してなんでも市場化してしまったということですね。

涌井　まさに。サッチャーは英国の経済を立て直したかもしれないけれども、弱者や福祉を犠牲にして経済を優先させた張本人なんです。

保坂　ロンドンの殺人件数がアメリカのニューヨークを超えてしまったらしいですね。

涌井　それをなんとか修復したのがブレアだけども、やっぱりサッチャーがやったことって結構ひどいですよね。でもそれで面白いことがあって、それに目覚めた市民たちはNPOや学校つくって、これが今じつは世界のNPOのモデルになっているんです。公園なんかつくってくれないなら、自分たちで公園をつくろうと。そういう活動もあるんですよ。

……なるほど！　区長がおっしゃっている「ないものをつくる」というのはそういう意味

ですね。よくわかりました（笑）。

「個」の個性を尊重しながら適切な行政サービスを提供する

保坂　世田谷区には今、2万人を超える在住外国人の方がいて、アジア系の方が半数ぐらい。それから北米、ヨーロッパ、アフリカ、南米の方もいます。そういう在住外国人の方に、くじ引きで500人を選んで「お話しましょう」というお手紙を出して、集まってもらった。これが非常に面白かったですね。自分たちは住民として日本に25年住んでいても、行政から声をかけられたのはこれが初めてだという。「こういう機会を待っていた。1回で終わらせてほしくない」という声もありましたし。

涌井　われわれが見えない日本も見えてくるんでしょうね。

保坂　日本に住んで困ったことといえば、外国人だということで住宅を貸してくれないので「どうしたらいいだろうか？」とか、医療や健康の問題、子どもの学校問題もある。日本人が移民となって、アメリカやブラジルに行った人たちが遭遇したこととほぼ同じでしょうね。そういう多様性を受け入れつつ、今あるものを全面否定ではなくて、ちょっと角度を変えて知恵を出して一緒につくりながらやっていきたい。これからも、また涌井さんのお知恵を借りながら……（笑）。

涌井　今、世界は大きく変わろうとしていると思います。今まではマスマーケットを相手にしていたのが、今は「個」のマーケットになっている。つまり「衆」から「個」へというベクトルになっている。これまでは「衆」をカテゴライズすれば商売になった。あるいはそれである種の一つの方向性で国をつくれたという時代ではなくて、「個」の個性を尊重しながら、どうやってそこに適切な行政サービスなり、あるいはマーケットとしてのサービスを提供するのか。そういう方向に、ビジネスモデルだけじゃなくて、社会構造そのものが変わってきた。

　ということは何かというと、Bird's-eye（鳥の目）で上から俯瞰《ふかん》をするという行政ではなくて、〝虫の目〟で見た、下から上を流れていくという双方向のマーケットなりあるいは政策がすごく重要になってきたんですね。

そこで、初めて個がその地域と結びついているということが自覚されるし、たとえば商品を供給してくれるところと自分の関係って、これだけ信頼が強いんだよねっていうスイッチができたりする。ビジネスモデルも、公共モデルも、政策モデルもみんな共通しているのはそこだとわかる。

必ずしもそこは成長だけを指向するのでなくて、先ほども申し上げたようにいかにハッピーであるのかという充実感とか充足感とか熟度が、豊かさを求める社会から深めていく社会にどう切り替えていくのか。それが同時に、持続的な未来を切り開く大きなポイントなんです。

そういう意味での未来のクリエイティブを志向するスタイルがあれば素晴らしい。それが「世田谷がやろうとしていることは素晴らしいな」ということにつながっていくと思っています。

保坂　これからも〝虫の目〟を大切にします。ありがとうございました。

第2章

保育は誰のものか?を問い続けた子育て支援のあり方

猪熊弘子×保坂展人

猪熊 弘子（いのくま・ひろこ）

1965年生まれ。ジャーナリスト。東京都市大学人間科学部客員教授。名寄市立大学特命教授。保育・教育、子どもの問題、施策を主なテーマに、執筆・翻訳のほか、テレビ・ラジオのコメンテーターや講演も行なう。『子育てという政治』（角川新書）など保育に関する著書多数で『死を招いた保育』（ひとなる書房）で日本保育学会 日私幼賞・保育学文献賞受賞。お茶の水女子大学大学院保育・児童学領域（博士（後期）課程前期）在籍中。

区民からの〝直訴〟で保育園を徹底的につくりました

保坂　保育の制度自体がそもそも複雑だったところにもってきて、そこにまた「子ども・子育て新制度」（２０１５年度から始まる）が入ってきて、小規模保育などの地域型保育事業や地域での「子育て広場」などが生まれました。そこに待機児童対策を加速するとして、突然建て増しで、国が直轄で運営する認可外の企業主導型保育が来たりして、保育関係者でも制度の詳細すべてを正確につかんでいる人はあまりいないかもしれませんね。

……ということなんですが、世田谷区で取り組んできたことからひと通りお話しをしてみたいと思います。

私が２０１１年の春に区長になったときには、区の担当者から「待機児童問題はもうひと山越えました」と言われたんですね。前任の熊本哲之《のりゆき》区長時代の8年間というのは、東京23区ほぼ共通かもしれませんが、「保育需要が高まっているのは一時的なことだ」という認識があり、「認可保育園はつくらない」という方針があったようですね。ですから園庭がなくてもいい東京都認証保育所などを、0歳から2歳まで預かる保育所をつくっていったわけなんです。

ただ実際に、0歳から2歳までのお子さんを預かっても、その後の3歳以上の保育がないじゃないかという問題も出てくるし、認可保育園の入園希望者も、やはり根強く増えていたんです。待機児童が急増していった大きなきっかけになったのは、やはりリーマンショックでしょうね。リーマンショック以降にガクッと日本の経済も落ち込み、働いている人の所得も下がりました。日本の勤労者の所得が一番高かったのが1997年（平成9年）で、それから2012年（平成24年）までずうっと滑り台を落ちるように下がっているんです。（次ページのグラフ参照）

90年代半ばまでは、男性が会社で働いて妻は育児に専念することで生活できた家庭も、同じ企業でも夫の稼ぎだけでは生活が難しいということで、どうしても共働きで働かなければならなくなったことはやはり大きいと思います。

私の前任者だった熊本区長が、任期の最後のほうで区の土地を総動員して認可保育園をつくろうと一回やったんですね。一挙に1302人分くらいつくったんですよ。中学校の中とか公園の中とか、区でやれるところをとりあえず全部やろうと。総力戦でそこまでやったので、「待機児童問題は終息です」と言われたんですね。

ところが、私が区長に就任してすぐに、車座集会という20～40人ぐらいの集まりを各地域で27カ所でやったんです。参加者の年齢はだいたい60歳代以上の方が多かったのですが、何カ所かには比較的若い30代ぐらいのご夫婦が真剣な表情で来られていて、もうそれは〝直訴〟でした。

「来年、保育園に子どもが入れないと大変

◘日本の勤労者の平均年収の推移

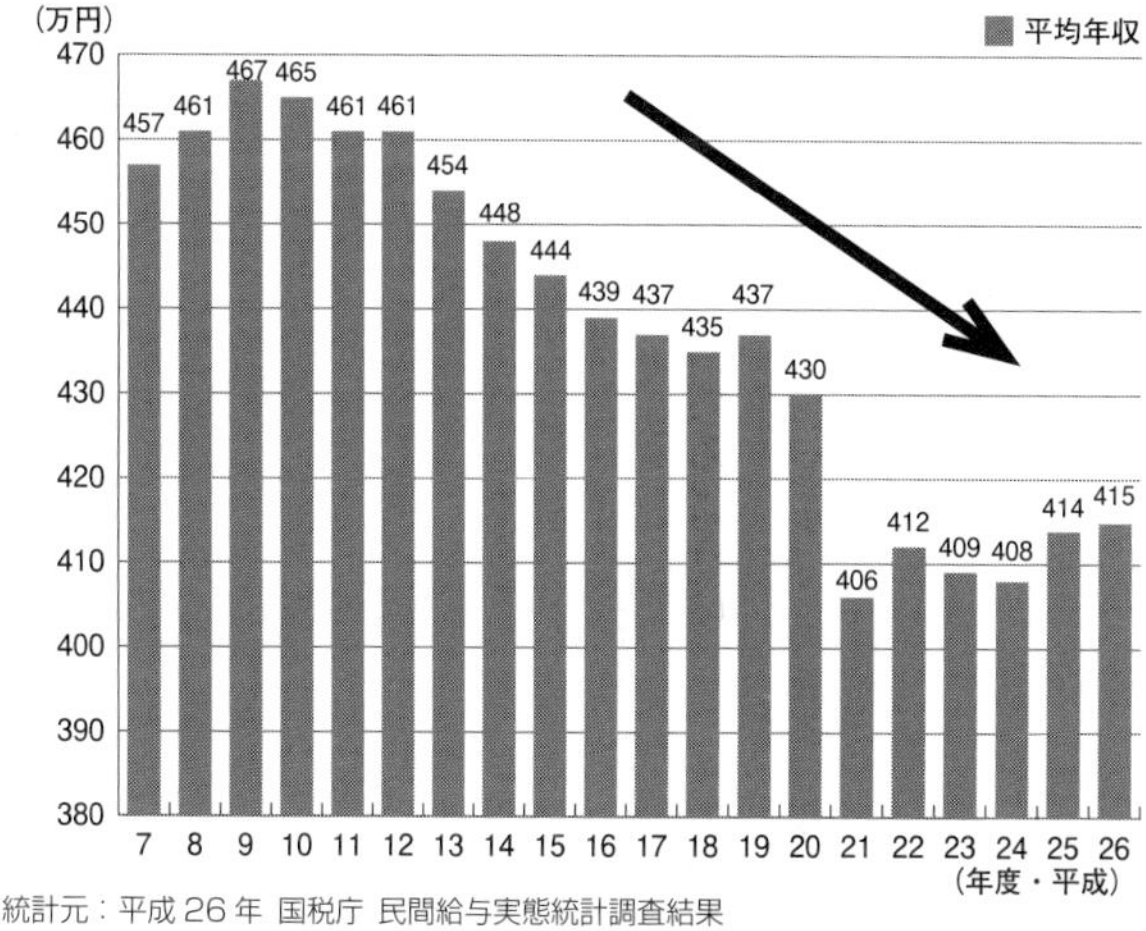

統計元：平成 26 年 国税庁 民間給与実態統計調査結果

です。待機児になる心配があります。人生が宙に浮いてしまうんです。なんとか保育整備に力を入れてください！」という訴えでした。だから「区のお知らせ」にある細かい催し事の情報欄を見て、「ここに区長が来るなら直訴してやろう」と思った人が複数いたということだったと思います。これは、簡単な話ではないなと深刻さを認識しました。

やっぱりその〝直訴〟の声の通り、待機児童問題は峠を越したどころか、その後6〜7年にわたって増加をし続けました。

それで私が号令をかけてやったことは、「認可保育園を徹底的につくる」ということでした。なるべく園庭のある認可保育園を原則としてつくった。そのためには、1000平米という広い土地でなければつくれないというのが難点でした。

「世田谷区にそんな土地はあるだろうか？」と頭を抱えたときに、「東日本大震災の復興財源として国家公務員住宅を売却します」という国の方針が目に飛び込んできました。早速、反射神経が働き、以前に衆議院議員として国会にいたということもあって財務省出身の国会議員の方を通じて理財局と連絡を取り合い、交渉して14カ所の国家公務員住宅跡地を確保しました。

土地の確保から引き渡し、地盤整備などに数年かかりましたが、今はほとんど保育園になっていますし、保育園一つだけでは広すぎる所には、高齢者施設や障害者の作業所なども併設しました。

住宅密集地の世田谷区が、多くの保育園用地を取得できる土地としては最後のチャンスかもしれないと思って、このときは一生懸命に交渉しました。ところがこの対策には欠点があって、保育園の候補地となった国家公務員住宅地跡は、都心から交通の便がいい所に建っているんですね。小田急線の沿線とか、世田谷通り周辺とか、区の真ん中から都心寄りという場所が多かった。逆に言うと、環八（環状8号線）から西の多摩川までのエリア、世田谷区北部の烏山地域とか南部の玉川地域には、国家公務員住宅があまりなかったんです。

そこで「土地を提供してくれませんか？」という作戦をやりました。これは長期戦略というか、どうやって土地を取得するのかというところで、可能性があるところを総あたりしていきました。じつは東京都もいっぱい土地を持っているんですが、待機児童対策ではあまり出してないんですよね。東京都水道局なんてものすごく広大な土地を持っていて、東京水道局の資材置き場なんて見渡す限りの広さで、「少し分けてよ」と思うんですが、東京都は局ごとの縦割りが硬直しているのでなかなか確保できず、例外的だったのは都営住宅ですね。建て替える際の高層化にともなって空地が生まれるので、都営住宅やＪＫＫ（東京都住宅供給公社）という都の公社の建て替えのときに、土地を提供していただき、そこにも認可保育園をつくりました。

公共用地だけではまかなえないので、民間の土地にも募集をかけました。ただ、世田谷区の場合、土地の賃料が１０００平米だと年間１５００万円にもなるので、思い切って区で３分の２の補助を決めました。これで事業者の参入意欲は高まりました。民有地の活用について、地主さんと資産運用の相談ができる不動産専門員を区で確保し、まとめていきました。

そうこうしているうちに〝世田谷バッシング〟が始まったんですね。２０１３年ぐらいに「世田谷叩き」の記事が新聞や雑誌に出るようになりました。そのときに、「待機児ゼロの横浜市は素晴らしい」と安倍総理が言い、官邸周辺や規制緩和論者たちの間で「世田谷はけしからん」という声が私にも届いてきました。週刊誌の誌上で、「待機児童ゼロ」横浜の林文子市長と〝誌面対決〟などの企画も話題になりました。

「世田谷叩き」のなかで出てきたのが、「世田谷には待機児童がそんなにいるのに、どうも保育園をやりたいという事業者を審査してやらせないようにしているんじゃないか?」とか、あるいは「社会福祉法人のみが参入条件で、株式会社を入れていないのでこれだけ待機児童が多いんじゃないか?」とか、いろんな矢が飛んで来ました。

その当時、世田谷区内で保育所待機児童問題でカフェトークなども開催しながら、猪熊さんにもいろいろお話をしてもらいました。何回か同じようなバッシングが言われてきましたが、2013年頃がとりわけ激しかったように思いますね。

〝保育の質〟を保つために厳しい審査を行なってきました

猪熊　2013年といえば、横浜市が「待機児童ゼロ」を発表した年。待機児童を解消したという「横浜方式」が話題になりました。たとえば、「横浜方式」でつくられたある保育園では、電車の高架下に園庭があるんですよ。高架下なので陽が当たらない、プールもあってすごく寒い。そういう保育園を横浜は「いい」と言ってるわけですよね。

保坂　規制緩和の旗を振る人たちなどはそういう保育園が大好きですよね（笑）。「ガードの下なんて最適じゃないか」という声も響きわたり、それこそ「地下でもいいんじゃないか。子どものために窓がなきゃいけないとか言っているから待機児童が解消できないんだ！」とか、さんざん攻撃されましたね。

猪熊　ドラッグストアの上につくられた保育園や、雑居ビルを利用した認可保育所もあります。園内のホールの床がボコボコだったり、園を出るとすぐに車がビュンビュン通る道路があったりして危ない。調理室も狭い。園の中も外も保育園には適していないんです。私は全国のいろいろな保育園を見てきましたが、こういう認可保育所のつくり方は初めて見ました。これが横浜方式なんですね。

横浜方式と同じように待機児童解消を進めている首都圏のある自治体にも、たとえば産廃処理場の隣にある保育園があります。産廃処理場の壁の裏にあるんですが、産廃と庭の間は50㎝ぐらいしか空いていない。その自治体では市内の保育所の30％近くを株式会社が運営しています。株式会社がすべて悪いということはないですが、チェーンであちこちに園を出すので、どうしても保育士も大量採用、大量退職になりがちで、保育者を育てる仕組みが弱い所が多い。

私は保育所の巡回相談もやっているんですけど、企業の保育園で働く保育士から相談を受けて話を聞くと、もうどうすればいいのか?……と悩むことも多いですね。保育者がなんの教育も受けていない。なかには「研修を受けたのは初めてです」と言われたりとか、ものすごくひどい状況になっています。

保坂　現在は世田谷区でも株式会社が運営する保育園を入れています。2015年ぐらいから入れ始めたんですが、その前に厚生労働省に行って、こういう議論しました。社会福祉法人に加えて、企業の保育を入れる場合の最大の不安はなにかというと、「ホールディングス(持株会社)が不動産事業で大失敗した翌日から関連企業も連鎖倒産となり、何カ所かで同時に閉園になるというようなことが諸外国では起きていますよね?」という危惧でした。

そうしたことが起こり得るという前提で、厳格な財務体質の審査は欠かせない。もう一つの問題は、先ほどから猪熊さんが言ってくれていますが、〝保育の質〟ですよね。どういうふうに子どもたちに声がけをするのか、子どもの立場に立って成長発達を保障するような、そういう保育のアプローチをし続けて、子どもたちがストレスを感じずにいろんな可能性を育てていく大事な時期の環境を保障しているかどうか。これまで細かく、厳しく見てきました。社会福祉法人でも不適格として参入を認めないケースも多くあります。

当時、世田谷区の土地や国や都の土地を借りて、「さあ保育園をやりませんか」と事業者募集をすると、だいたい3～6事業所の社会福祉法人がエントリーしていた状態でした。そして必ず事業者は決まっていました。仮に応募があっても、参入希望者のないという不調ならわかりますが、「企業を入れないので保育園ができない」という話は実態と違っていて、理屈に合わなかった。そして、当時から続けているのは、保育園用地を出せば一般の事業者が来ますが、それを厳しく審査するやり方です。

世田谷区の審査の仕方は、北海道であれ九州であれ、応募してきた事業者の運営している保育所に〝保育の質〟をチェックするチームが実際に見に行くんですね。区の職員と専門家がそれぞれの評価項目で、子どもに対する声かけから遊びの環境はどうなのかとか、

「世田谷区保育の質ガイドライン」に従って全部チェックして、「残念ながらダメですよ」ということで「事業参加を認めない」ということもやってきました。同じ審査を企業に対してもやらないと、その保育所における〝保育の質〟が保てないと主張しました。つまり「企業にエントリーしてもらっても、審査は同じようにやりますよ」という話を厚生労働省の局長にしたわけです。

そもそも、交渉時に念頭にあったのは、「企業が経営する保育園が破綻して子どもが宙に浮いたら、どこが対応するんですか？」という疑問でした。たずねてみると、当然のことだというように局長は、「それは世田谷区さんに対応してもらいます」と言うから、「では企業であってもこの審査は当然やりますよ」と言うと、「それはもうどうぞ徹底的にやってください」みたいなお話だったんです。それで企業経営の保育園も入れることにしました。

ただ、開園したものの運営が安定しない保育園には、じつは区立保育園のベテラン園長をショートリリーフで入れて落ち着くまで指導してもらい、その経験を共有してもらったり、必要な支援はしてきたんですね。

また、2016年に「保育園落ちた日本死ね」のブログ問題でクローズアップされた待機児童問題。このときにもまたバッシングがあったんですよ。今度は横浜と比べるのではなくて、「世田谷区は0歳児の子ども一人の床面積＝5平米をやめろ」と。とにかく「国基準の3・3平米を守れ」と。「国基準を守れ」と言えば、普通の人は「国に逆っているじゃないか、国の基準を無視して待機児童が多いというのはおかしいじゃないか？」と思ってしまう。そういう世論誘導をしていく。このときも官邸を中心に、そういう発言がありました。

私はむしろこれはいい機会だと思ったんですね。待機児童が多い自治体を集めて塩崎恭久厚生労働大臣（当時）が規制緩和を含めて対策を要請するという場面を逆手にとって、「都市部特有の賃借料の高さがあり、自治体単独の補助には限界があるので国の支出を求めたい」と要求して、世田谷区が単独で出していた土地賃借料補助を国からも出すことを実現してもらいました。そうした自治体などでいろんな要望をぶつけていくなかに、後でちょっと議論しますが、育児休業が1年半までということに対して、「2歳まで延長してください」という要求も入れていきました。

世田谷から言ったことを国は相当聞いてくれました。一方で、「床面積基準を3・3平米にしろ」と言われて従ったところは、他の全自治体も含めてゼロでしたね。

「保育園落ちたい」問題の背景にある育休延長制度

猪熊　そうです。毎日新聞が調べたんですけども、実際に規制緩和をして、3・3平米にしたというところはほとんどなかった。結局、規制緩和で待機児童を解消しようということは無理だった。できなかったということだと思います。

この写真（次ページ写真参照）は、保育園の床面積の基準をわかりやすく示したものです。これを見るとよくわかると思うんですけど、5平米（世田谷基準）と3・3平米（国基準）では子どもはもちろん、保育をする先生の余裕も全然違うんですね。先生もゆったりしてるところで保育をすればイライラしない。ひどい保育所では、先生が怒鳴り散らしてる所も本当にあるんですよ。そういうふうにならないような環境をつくるということもじつは重要なんです。

保坂　たしか横浜市は国基準よりも、東京都認証保育所（2・5平米）よりも、もっと狭い2・46平米でしたね。

猪熊　「待機児童が50人以上いる自治体は、面積基準とかを独自に緩和してもいい」という制度を厚生労働省がつくっちゃったんですね。なので横浜は、待機児童を解消するということを優先するということで2・46でやってます。横浜で2・46の基準でつくった園に行ったんですけど、「狭いです」と言われて見たら本当に狭かったです。今になって「もっと広くしたい」と言っていますね。

保育園床面積基準

保坂　そこも比較されたわけですよね。要するに世田谷区の待機児童は1000人を超えてワーストワンだと。待機児童となった親たちはたいへん困っていて、いい環境の保育というのは理想だけど、背に腹は替えられないでしょうと。だからというか、2・46にしている例もあるのだから、ここに従うのは当然でしょうと。そういう言い分ですよね。

猪熊　世田谷区が中学校の中につくった保育園もあります。どんな保育園なんだろう？と興味を持って行ってきたんですけど、中学校の敷地の中に建物もつくって、中学校の中庭で遊んだりしている。「中学生とバッティングしないんですか？」と聞きましたら、「そんなことはないですよ」ということでした。園舎の窓から中学校も見えるんですけど、私は結構この保育園は好きで、いいなと思いました。普通にお庭もあって、こういう用地の使い方は、いいんじゃないかなと私は思いますね。

保坂　外から見ると、ちょっとゆとりがないようにも見えますけど……（笑）。

猪熊　ビルの中のお庭のない園と比べると、これでもかなり余裕があります。中学校だけじゃなく、他にこういう所っていっぱいあるはずで、他の所でももっと使える場所がいっぱいあるんじゃないかと思いましたね。

保坂　少し前に新聞で話題になった「保育園落ちたい」問題もありました。「保育園落ちた日本死ね」に引っかけて、「保育園落ちたい」問題ですね。これはどういうことかというと、育児休業を延長して、育児休業給付金をもらうにあたっては、「認可保育園に申し込んだけど入園できませんでした」という「入園不承諾通知書」という書類をハローワークに提出しなければならない制度になっているんですね。

この育児休業のお金は会社が出しているのではなく、雇用保険料で事業所と労働者、国が支払っていて、労働保険特別会計から出しているんですね。この労働保険特別会計が、最近は雇用率も良くなっているので空前の額（6兆3000億円・2014年）に積み上がっていて、じつは2016年に労働者負担・会社負担分を下げたんです。つまりそれだけ財源はあるっていうことですね。

企業も負担して、労働者と半分ずつ積み上げていって、たとえば失業したときの失業手当とか教育訓練の財源になるんです。労災保険で労災のときはカバーしますよとか、時代の変化によって仕事がうまく探せないのであれば、教育訓練をして技能を身につけ、その間は給付しますよという制度です。

1960年代に炭鉱が次々と閉山になっていきます。「石炭から石油へ」の国策変更で大量の労働者が都市部に出てきたときに、住まいがないというので雇用促進住宅が全国各地につくられた。炭鉱での経験以外ない労働者が、手に職をつける技能研修のために教育訓練給付の制度もつくられた。そうやって社会のひずみを少しずつカバーしていくような仕組みが、雇用保険の財源でつくられたんですね。

私は以前から育児休業の給付金をもっと引き上げたらどうだろうと言ってきました。じつは2017年10月に制度が変わって、1年目に育休中でもそれまでの給与の67%。それ以降の1年半まで5割が給付される制度をさらに変えて、2歳までは延長してもらえるようになりました。育児休業の延長を目的として、「不承諾通知書」を手に入れたい、保育園を落ちるために一番競争率の高い保育園を1園のみの単願で絞るとか、点数が不利でも申し込む。そうすると、それでも認可保育の申込者になってしまうわけです。ちなみにこの点数というのは、認可保育園に入るには両親の就労状況や家庭環境などで保育が必要かなどによって点数をつけて、その点数の高い方から優先的に入園できる評価基準として使われています。

ところがこの点数が意外と高い人もいるわけです。「落ちたい」人も入園可となるケースもある。だけど、育児休業を延長する自分のライフプランとか職場の仕事事情とかで、たとえばあと2カ月延長したいという人もいますね。そういうときに、「第一次入園の保育園には入れます」という通知をしても、近年では世田谷区でも400～450人の辞退者が出るようになっています。

待機児童が一番厳しいと言われながら、これだけ大勢の辞退者が出るわけですね。だから、そのなかにはおそらく「保育園をとりあえず落してください」と言う人もいるので、私は「これは制度としておかしいんじゃないの?」と言っています。つまり不承諾通知書がなければ育休延長できないという制度のほうが、おかしいんだと。

ただこれに関しては逆の意見もあって、「育休延長で女性を職場から引き離せということですか?」という批判もあるんですね。やはり育休はなるべく短いほうがいいでしょうということで、育休の延長自体に反対するという声は労働界からもあります。企業はもちろん早く職場に戻ってほしいから、そんな2年なんていうのは認めがたいわけです。

ただ、待機児童というのはもう大都市部特有の現象ですから、たとえば大都市圏を離れれば、まったく状況は違うでしょうね。

おかしな制度は変えたほうがいい

猪熊　そうですね。たとえば私はよく北陸地方に行くことが多いんですけど、もともと富山・石川・福井は女性が働く率が高くて、幼稚園がなくて保育園しかないみたいな自治体がすごく多くて、保育園の設置率が非常に高いんですね。待機児童は県庁所在地では多少いるようですが、基本的には0といわれています。私の知ってる福井の園では、民営化を1ヵ所受けているところがあったんですけど、預かる子どもがいないので、２０１７年に閉鎖してるんですね。現実にそういうところもあります。

保坂　そうすると結局、育休を1年以上延長できるのは、待機児童の多い首都圏や都市圏以外に住んでいる人は絶対的にできないことになりますよね。

一方で、このところ問題になってきた企業主導型保育は、厚生年金の「子ども子育て拠出金」から支払われているのですが、これは年金会計由来の財源なんですね。先ほどふれた労使折半の雇用保険料というのは、じつは税金ではないなんです。みなさんのお金なんですね。そもそも雇用保険料の積立金は政府のお金ではないのだという自覚は日本社会で非常に薄くて、なにか国から税金を分けてもらってるみたいな錯覚があって、「育児休業の金が欲しくて『保育園落ちたい』とはけしからん」というように、世論がバッシングモードに入りかけたんですね。

「どこの母親なんだ？」「その顔が見たい」「あんたが『落ちたい』と勝手にやるから入れない人が子がいるんじゃないか」とか。それはたしかに一面の事実なんだけど、私はそもそもそんなおかしな制度は変えたほうがいいじゃないかと思うんですね。

猪熊　私も思うところがあっていろいろ調べたんですが、安倍総理が成長戦略スピーチのなかで、待機児解消加速化プランと同時に「3年間抱っこし放題」というプランについて話していたんです。3年間、母親が子どもを抱っこしたうえで、職場復帰支援という育休の延長を打ち出した。2013年4月19日でした。

「3年間抱っこし放題」という言葉は、私たちに抱っこさせ続けさせるのかのような感じで印象が悪かったんですけど、私のまわりでも3年間自分が育てても会社に戻る場所があるんだったら、それはありがたいっていう人も結構はいたんですよね。「抱っこし放題」という言葉が記憶に残って、「育休が3年間延長になるのか」と思っている人たちが多かったんじゃないかと思うんですが、現実には保育園に落ちなければそもそも育児休暇が取れず、期間も延ばせないということがリンクしています。私は、個人の働き方の選択と制度が結びついているのは違うと思うんですよね。戻れる場所があって戻るっていうことはいいと思っています。さらに0歳・1歳の保育園の死亡事故も結構多いですし。

0歳児保育は、子ども3人に1人の保育士をつけなければいけないので、保育士の数がたくさん必要なんですね。お父さんとお母さんが交互に育休を取るなりして、家庭で育てるのもいいと思うんです。子どもはすぐ育ってしまうので、そこに関わるということは非常に重要だと思います。

夫婦が子どもに関わる時期として非常に重要なのに、育休制度と保育園が結びついてしまっていることをどうにか断ち切れないかと思っているんですね。

子ども連れでも仕事ができるように制度設計した「ワークスペース広場型」

保坂　私のポリシーは「あるものを最大限活かす」、そして「ないものをつくる」というものです。保育園をどんどん整備してニーズを追いかけてきた一方で、なんとかならないのかというのは、じつは限界に近づいている財政運営上もあるんですね。今、世田谷区の保育園の整備・新設にかかっている予算は約４８０億円（２０１８年度）です。一般会計予算は約３０００億円ですから、相当部分を費やしていることになり、これに学校教育などを入れれば約８７０億円になってくるんですけれども、すごくお金を使っているのは事実ですね。

それでも待機児童解消ということで、世田谷という土地の高いところでたくさん保育園をつくってきたんですけれども、待機児童数もピークの１１９８人（２０１６年）から60％減少して４８６人（２０１８年）となりました。一方でミスマッチもあって、たとえばどうしても週に2回は仕事をしなければいけない、あるいは集中して実務作業をしたいけれど、毎日子どもを保育園に預けるまでの必要性はない。そんなフリーランスの方とか、専門職や自営業の方とかもいらっしゃる。そこで、社会的実証実験を今、やっています。「ワークスペース広場型」という事業で子育て広場に登録すると、子どもを下階に預けて、上の階にあるコ・ワークのいわゆるシェアオフィスをセットで使えるというシステムです。

子ども連れでも、集中して仕事ができるように制度設計したんですね。今、区内で2カ所開いていますが、お子さんを下の広場に預けて上のワークスペースに来て仕事をしたり、場合によればそこから出かけて打ち合わせをすることができるという制度なんです。ところが、これをつくるのに厚生労働省と何度も交渉し、区議会でも説明して約2年間かかったんですよ。ワークスペースは2席というこのちっちゃな仕組みを2カ所つくるのに、思いきり時間と労力を割きました。やはり制度が想定していないわけですね。保育政策と労働政策のすき間に位置しているんです。社会のニーズに合わせて制度をつくり変えることをやらなければいけないという思いが、強くあります。

つまり、保育というのはあまねく利用ができなければいけない。また、在宅子育て支援のための子育て広場には、やはり使いたい人がいつでも使えるという制度的なポリシーがあるんですね。一方で、世田谷でやっている実証実験は、予約して一人のお子さんと一人のお母さん、あるいはお父さんでもいいですけど、子どもを預かることと働くスペースの確保を常時セットで使えるようにしている。全部の定員でなく、1カ所2人分のワークスペースに限定したんですが、ところが子育て広場はそのように想定されてないわけですよ。

厚労省と5〜6回協議して、「わかりました。こういう挑戦は重要でしょうから、世田谷区が独自の判断で制度を解釈したとして受けとって、実証例として紹介します。そのかわり厚労省として責任持てるというふうに言われても困ります。区で責任持ってやってくれるならやってください」と言われました（笑）。

2019年からは、一時預かりをやっている保育園に預けて、ワークスペースを使うというタイプのところもひろげていこうかと思っています。需要が確実にあることは、すでに証明されています。これまでの2カ所をつくっただけであっという間に定員が埋まり、自転車で30分かけて親子で来るような遠距離からも利用されています。もともと区民との対話のなかで出てきたアイデアです。このようなボトムアップ型というか、やっぱりいろんな親たちの声があったことをやってみると、活発に使われているということですね。もう少し「子どもの近くで働く」という支援も強めていきたいと思っています。

一方で、内閣府で進めているテレワークに託児をプラスするという仕組みの導入を検討したんですが、うまくいきませんでした。シェアオフィス中心で、子どもの預かりは従となる。このスキームでは、「保育の質」というところまでは及ばない。

猪熊　そういう取り組みはすごく重要ですね。「子ども・子育て支援新制度」では1号、2号、3号という認定があるんですが（次ページ図参照）、このなかに含まれてない子どもがいるんですよ。それはつまり、0～2歳児の親が、お家でみている子どもたちです。「子ども・子育て支援新制度」ですべての子どものための制度と言っておきながら、保育園を使っている子には給付が出るんだけど、お家にいる子には一切出ないんです。

私はこれは制度設計のミスだと思います。たとえば0～2歳の子どもをお家でみているんだけど、子育て広場を利用したいというときに、その人たちを認定して給付をちゃんと出してもらえれば、施設の運営も安定します。

今は、お家でみている子どもたちに対する育児支援にはあまりお金が出ない。そこはす

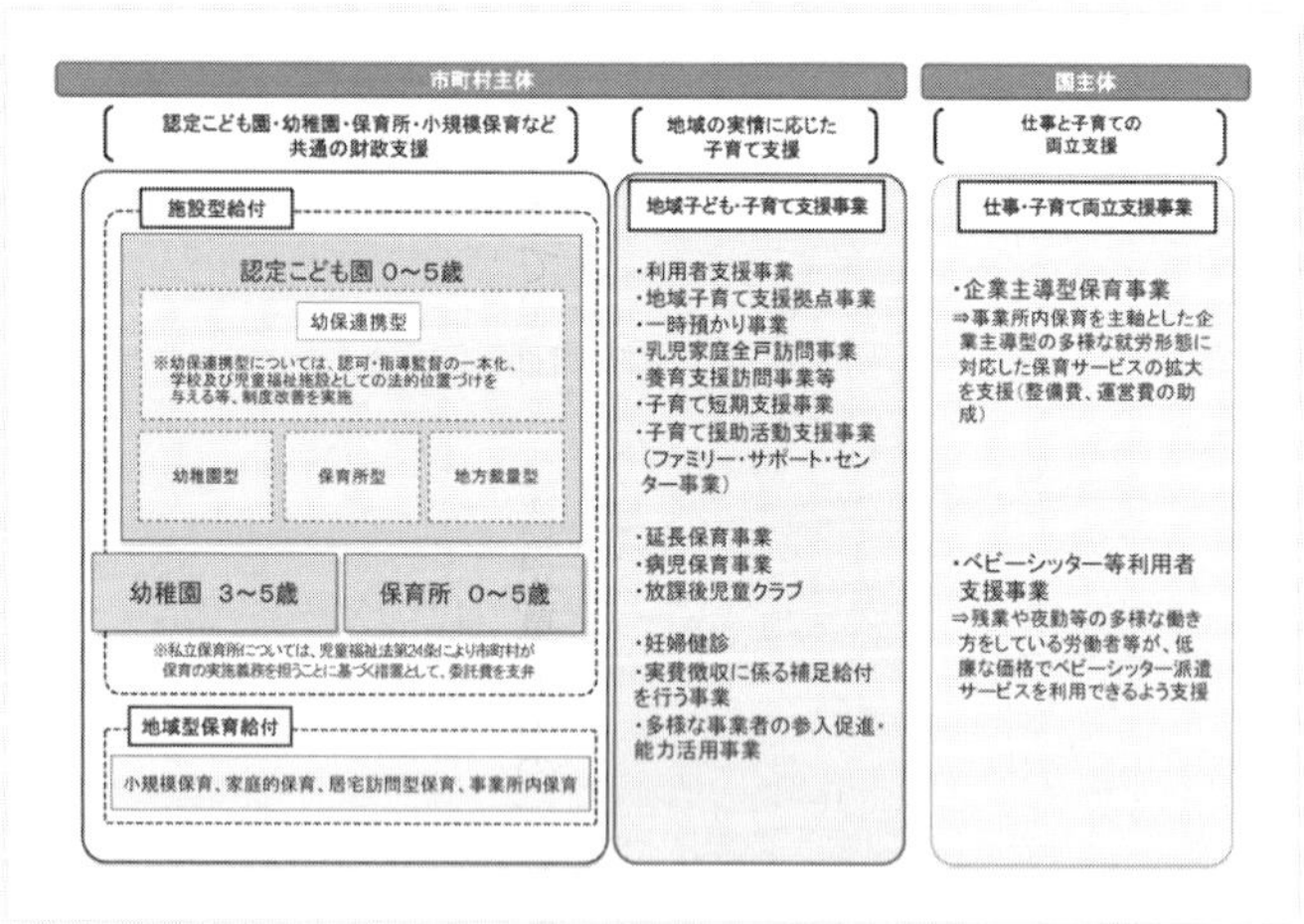

資料：内閣府資料

資料:内閣府「子ども・子育て支援新制度の概要」(平成 28 年 4 月)

「子ども子育て支援新制度」とは？

保育の必要度の認定（保育給付支給認定 3つの区分）

＊介護保険制度のように、利用するためには「支給認定」を受ける必要があり，認定された分の保育を受けられる。

1号（幼稚園児相当、3～5歳の保育が必要ない子ども）

2号（3～5歳の保育園児相当）

月 120 時間以上就労➡保育標準時間（1日 11 時間まで）

月 48 ～ 120 時間未満就労➡保育短時間（1日8時間まで）

3号（0～2歳の保育園児相当）

月 120 時間以上就労➡保育標準時間（1日 11 時間まで）

月 48 ～ 120 時間未満就労➡保育短時間（1日8時間まで）

猪熊弘子さん提供の資料より

ごく不平等なので、家にいる0〜2歳の子どもに対する給付をなんとかつくれば、子育て支援をやりやすくなるんじゃないかなと思いますね。そこをどうするのかということをボトムアップで考えていくことが必要かなと思います。

保坂　この前、子育て広場に行ったとき、双子のお母さんがいて「双子手当はないでしょうか？」と言ってましたね。双子の赤ちゃんを育てる大変さを切々と訴えられました。

さて、国の待機児童解消の切り札として登場した企業主導型保育の問題点をちょっと話したいと思うんですが、先ほどから言っている世田谷バッシングの中心になっていたのは、規制緩和を旗ふりしてきた人たちが主流なんですね。

新自由主義と言ったりもしますけれども、規制緩和論者の主張している内容を見ると、「保育園を審査するのがおかしい。原則届け出でいいのではないか。届け出で質が悪いところは市場が淘汰する」という簡単に言えばそういう乱暴な言い方が多いんです。認可保育園などは、自治体が細かく審査して「〝保育の質〟はどうですか？」とか、「園庭はありますか？」とか、「二方向避難はできますか？」とか、保育の現場でこれは当然なんだけれども、これがなければ世田谷では絶対に認めません。

ところが、こうした審査をしていることが気に入らないんですね。「自由じゃない」「規制をかけている」「だから待機児童が多いんだ」という批判が続きました。こうした声を受けて、企業主導型保育で国が行なった制度設計では、「自治体は絶対関与させない」という制度になりました。対面の審査も、すでに運営している保育園の調査もない。言われてきた届け出制に近い状態になりました。こうして規制緩和論に主導されて、企業主導型保育は始まったんですね。

世田谷区には今、企業主導型保育は20ヵ所あるんですが、最初はどこにできたかもわからなかった。子どもが何人預けられているのかもわからない。さらに言うと、区は毎年待機児童を発表しますが、認可保育園に落ちた子どもを企業主導型保育園が何人入園させたかによって、待機児童の数が変わるんです。ところが、入園者のなかで認可保育園申込者がどれだけいたのかもわからない。入園児の連絡先もわからないみたいな状態だったんです。

1年後に、それはあまりひどいねという話で、企業主導型保育の開園希望事業者は一応世田谷区など自治体に相談することになりましたが、たとえば「建築基準法上の規制はどうですか?」とか、「地域での需要はありますか?」などを事業者から区がやりとりするだけで終わります。たとえ区の側に事業者の保育に疑問や懸念があっても、こういうふうに保育をやってくださいよと指導するなど、その質をチェックする権限はもともとありませんので、事業者が馬耳東風でもいいんですね。あまり聞きたくないことは聞かなくていい。だいたい相談に来ない事業者たちも結構いたりもします。

問題は、湯水のようにお金が使われたということですよ。2年間で全国に2500カ所もできてしまったんですよ。内閣府から委託を受けている申請と審査・運営監督の児童育成協会の職員も最初は10数人くらいだったのが、今は80人になったそうですが。

研修システムもなく、子どもに危険な企業主導型保育園の問題

猪熊　以前は受付の人は3人しかいなかったとも聞きました(笑)。

保坂　たとえば20人のお子さんを預かる保育園だと、ビルの内部を改装して保育園に仕立

てるのに、常識的には2000万円台くらいだと思うんですね。それでも結構なお金なのに、そこを9000万円で申請するケースもあって、それがスルッと整備補助で出ちゃう事例もあった。3分の2ですから大金です。

猪熊　それは大変な金額ですね。

保坂　普通、区で申請を受ければ「なんで9000万円なんだ?」と、「それなら新築で建てられますよ」という話になりますよね。これでは、審査が機能していない。ネットで企業型保育と検索するとたくさんコンサルタント会社がヒットします。それで「企業主導型保育の設立・開園は一式請け負います」というコンサルがたくさんあることがわかる。申請の仕方も、そもそもWEB申請で書類を書かなくてはならないのですが、この申請事務も代行する。要するそれらを全部私どもがやります、保育士などの職員の募集もやります。プログラムもつくります。経験がなくても大丈夫です、というような広告が目立ちますね。

それで企業主導型保育には2つあるんです。一つは、たとえば二子玉川にある楽天のような大きな企業が企業の中で持っている保育施設。運営主体はわりとわかりやすくて、なにかあったときの責任主体はその会社になりますよね。

ところが、もう一つのタイプに保育園の運営事業者型というのがあって、これが企業主導型の看板と実態が異なる場合が多いですね。認可保育園や認証保育のように園児募集をして集まってきた20人のうち10人のお母さん・お父さんが厚生年金に加入している事業所で働いているとします。そうすると、働いている企業が保育園と「自社の従業員のお子さんを預けます」という契約書にサインをするんですね。その書類が提出されると、10人の保護者が働いている10社が「契約企業」になってしまうわけですよ。

ですから一つの保育園と10社が契約していることになるんですが、あるとき保育園が保育士の大量退職によって運営が立ちゆかなくなって明日閉鎖だという場面があったんですよ。そのときに、従業員の子どもを預けているいくつもの会社が集まって緊急会議をするわけがないんですよね。企業の側に当事者意識もありません。

ですから、「自治体は関与させない」と言っていた制度なのに、最後の最後になってみると、保護者の母さんたちも世田谷区に相談に来るんですよ。そうなったら区のほうも区民ですから関与しないわけにはいかないですよね。ところが、新聞の見出しに企業主導型保育の制度上、「世田谷区関与せず」と出たんですね。苦情がきました。「世田谷区はなにをやっているのか⁉」と（苦笑）。「子ども子育て応援都市なのになんで関与しないのか⁉」と。「保育園を見捨てたのか⁉」と。やはり自治体の関与を封じた企業主導型の制度を知らないと、そういう反応になってしまうんですね。

猪熊　企業主導型保育にもいろいろあって、なかにはいい例もあるんです。たとえば埼玉県にあるコンタクトレンズの会社が従業員のためにつくった保育園があって、これは広大な敷地にいい建物をつくり、認可保育所に併設するかたちで社会福祉法人が運営しているそうです。他にも地方の電鉄会社でも頑張ってやっていると聞きました。ただ一つの問題としては、保育士の研修のシステムがまだ十分に整っていないということですね。

民間の保育園ならば、保育団体などが地域ごとに研修をもやっているし、もちろん公立保育園でもそうした研修をやっているんですけど、企業主導型は会社だけなので、そういったつながりがなく、研修などを行なうシステムができてないという問題もあります。

私、先日ひどい企業主導型の保育所を見つけたので、これはぜひみなさんにお知らせしたいんです。首都圏にある保育園で、「すごくいい園ですよ」と宣伝している動画があるので見てみたんですけど、びっくりしました。

ビルの中にある0~2歳の保育園なんですが、部屋の隅に消火器がそのまま囲いもなく置いてある。危ないですよね。おやつのシーンを見て私、絶句したのは、なんと、モデルの子がこんにゃくゼリーのようなものを食べているんですね。こういうかたちのゼリーは窒息《ちっそく》の危険性があるので、絶対に食べさせてはいけないものだというのは、保育の常識ですよ！

置いてある絵本も少ないですし、子ども用のトイレが大人用と一緒にあるのも疑問。お昼寝のシーンでは「お休みのときは部屋を暗くし……」というテロップが流れるんですが、私は保育の研修で「安全のために、お昼寝のときも部屋は暗くしないでください」と言っているんです。剥き出しの消火器といい、ゼリーといい、私はこの動画を見て泣きそうになりました。

でも、ここがいいと思って子どもを預ける人がきっといると思うんですね。これは私としては、最近の一番のショックで、こういうものを一つずつ検索をして、自治体に伝えていかなければと思っているわけですが。

世田谷区として内閣府に企業主導型保育の改善案を提出しました

保坂　政府の子ども・子育て政策の一つに幼児教育・保育の無償化がありますが、世田谷では区立保育園が50園あります。また区立幼稚園も9園あります。それで無償化されると、保育料を穴埋めしなければならず25億円の負担増になるんですね。そうすると待機児童対策が止まってしまう可能性がある。なにしろ25億円といったら大変な額で、ふるさと納税の減収額も41億円ですからね。保育園の整備にあてる財源がなくなる恐れもある。そういう問題もあります。

ですから〝保育の質〟ということが、これからすごく大きな問題になってくると思います。じつは保育園で子どもが亡くなっても、ほとんど原因究明ができないんですね。密室の出来事である場合が多いからです。

たとえば航空・鉄道事故調査委員会って聞いたことあると思いますが、なぜそういう機関があるかというと、専門家の知見を得ないと分析が難しい人命にかかわる事故に関しては、原因を徹底的に究明して再発を防止しなければならないからなんですね。ところが、なぜ保育園の死亡事故が検証されないかというと、一応制度はありますが、法制化されていないいんですね。

亡くなった子どもはもう話せないし、まわりの子どもたちも幼いので、なかなか証言するところまでいかない。証拠となる記録映像でも出てこない限り、なにが起きたのかはわからない。ですから保育園でも法制化された保育事故調査委員会をつくらないといけないと思います。

猪熊　14年間で200名近い子どもたちが保育園で亡くなっています。

保坂　そのなかには、ほとんど経験のない20代前半の保育士が子どもをうつ伏せに寝かせて、その場を離れて戻ってきたら亡くなっていたという事件もありましたね。同一の事業者が国会や厚生労働省の中の保育園を運営していると聞きました。

猪熊　その事業者は企業主導型保育の先鞭《せんべん》を切って、最初に大手町の大きなオフィスビルのなかに保育所をつくりました。有名企業がたくさん入っているビルですから企業ごとに枠を決めて、子ども一人につき各企業から毎月数10万円という高額な費用をとって運営している。企業としても福利厚生費として計上できるから痛くない。そういう企業主導型保育のモデルをつくったんですね。その施設で2016年3月に事故は起きています。1歳の子が別室でうつ伏せにされて2時間ほど放置されて、亡くなったんですね。

保坂　こうしたさまざまな問題が起こっているので、世田谷区として内閣府に企業主導型保育の改善案を出しました。このまま企業主導型保育を放置していくと問題が起こる。「保育の質」について自治体が関与する仕組みをつくり、経営基盤も調査し、急な閉園などについて「破たん処理スキーム」をつくれと提言したんです。その改善案を出したとたん、翌朝に宮腰光寛内閣府特命担当大臣が記者会見して、保育の質、事業の継続性など、要するに世田谷区で要請した内容について、有識者を集めてこの制度について検証したいと。まあ、どういう有識者なのか、そこに猪熊さんが選ばれるかわかりませんが（笑）。

今、企業主導型保園に全国で6万人が通っているんですが、問題は政府の方針がこれからさらに規模を倍にするということなんですね。ですから、こうしている間にもどんどんできていくというような状況もあり、また以前は書類出せば全部通っていたのが、最近急に審査が慎重になってコンサル会社が間違った書類を出してしまったために、子どもを集めて先行して運営を始めていたのに閉園しなければいけなくなった例も区内にあります。開園すればさかのぼって補助金が出るはずだと算段していたら、企業主導型保育園として認められなかったので閉園するという問題も出てきています。

猪熊　企業主導型保育ができて2年目になるので、制度の見直しが始まるんですね。さらに幼児教育・保育の無償化で保育園の保育料が無償化になったときに、給食だけは実費になることが決まっていて、そうなったときに給食の部分だけ公定価格（認可保育所を運営のするために子ども一人あたりに必要な費用）が下がるんです。そうなると運営費が不安定になってくる。認可保育所がそうなっていくなかで企業主導型がどうなるのか、どこまでその制度があるかということ自体もちょっと不透明なんですよね。

私は一度つくってしまったその企業主導型が、たとえば認可保育所になりたいという希望を持っているのであれば、基準を満たしてそこを認可に転じていくような制度も、もしかすると必要かなというふうに思っています。

保育は誰のためにあるのか？ それは子どものためです。

保坂　フランスは少子化を反転させた国としてよく引き合いに出されますよね。この問題で本を書かれているフランス在住のジャーナリストの髙崎順子さんとお話したときに、フランスでは子どもが産まれたときに、約7割の男性が育児休暇を取得しているそうです。生まれて4カ月経ってからではダメで、その間の11日間（多胎出産では18日間）にちゃんと赤ちゃんと直面していると、育児を「手伝う」みたいなことを言う男にはならないと聞いて、なるほどなと思いました。（参考：『フランスはどう少子化を克服したか』髙崎順子著・新潮新書）

それで男性の育休取得はまずは世田谷区からやっていこうじゃないかということで、全職員に呼びかけました。区長室のスタッフも育児休暇をとりましたけど、まだまだ取得率は低いというのは事実ですね。

ですからそれはワークシェアということも今後は考えていかなければいけない。お父さんとお母さんが交互に休みながら育てていくというスタイルも、これからは考えていっていいと思います。

猪熊　働き方のことですけども、保育は誰のためのものかというと、先進国の基準では保育は子どものためのものなんですね。たとえば、日本には病児・病後児保育がありますが、世界的では基本的にないんです。それでイギリスの人たちに病児保育の話をしたら驚かれて、それは虐待じゃないかと言われたことさえあるんです。

長時間保育についても、働く人のために必要なのはわかるんですが、すべての人が利用するわけではないし、むしろすべての人が利用しなくてもいいように働き方を変えるほうがいいと思っているんですね。私は男女雇用均等法の第一世代で、女性が働き続けていくにはすべてを犠牲にして、なかには両親を田舎から呼び寄せて、親に家事も孫の育児も頼ってみたいな人ばっかりで、それができた人たちだけが大企業の第一線で働き続けられてきたということがあるんですね。

だけど、今すごくその人たちが後悔しているのは、親の人生を犠牲にしてきたんじゃないかとか、子どもと接する時間が少なくて、これでよかったのかということなんですね。もちろん病児保育、病後児保育、延長保育も必要なんだけれども、預けられるだけ預ければいいということではありません。私は「働き方改革」という言葉だけがヒラヒラ舞っているような感じがしています。同時に「これでいいのかな？」ということも考えていかないと、本当の先進国と言えないんじゃないかなと思いますね。

以前、スウェーデンの学者の研究会で、「日本ではなかなかスウェーデンのような働き方ができないんだけど、どうしたらいいですか？」「どうやって子どもと過ごす時間をつくって、どうやって保育を充実させたらいいんですか？」みたいなことを質問した人がいたのですが、「月に60時間も残業しているという国は、私には意味がわからないので答えられません」というものすごくシニカルな答えが返ってきました。私たちはやっぱりそこも考えていかないといけないんだなって、思いましたね。

ただ現実的には、今の日本では女性にすごく負担がかかっています。私も3、4人目の子どもが双子だったので、病児保育に登録しても絶対2人は預けられないとか、本当に苦労してきました。だけど、やっぱりこれからの人たちには、それが必要悪だと思って働くようになっていって欲しくないし、また女性だけが子どもを預ける所を見つけなければと悩んで、子どもに対して罪悪感を持ったり、子ども自身も自分が長く預けられていたなと思ったりしないような社会にしていくことも必要ではないかと思います。

保坂　保育もこれから大きく変わっていかなければいけない。そこで「保育は誰のためにあるのか？」と問うたときに、規制緩和派や経済団体からは、「ビジネスのため」とか、「親が子どもを預けて働ける状況をつくるため」、それから「企業が労働力を確保するため」という3つぐらいの答えがポンポンポンと出るんですね。

ところが「子どものため」という答えに対しての反応は、「はぁ？」みたいな感じですよね（笑）。「子どものため…そんな牧歌的なこと。タテマエはそうだけどね」みたいな人たちが主流で、非常に程度は低いです。「金が儲かればいい」「どんどんつくろう」と。つくっては潰し、つくっては潰し、それでいいじゃないか。それが経済成長だと。

これは本当に質の悪い市場主義というか、マーケットがなんでもやってくれるなんてことは絶対ないのであって、やはり今の保育に一番欠けているのは、どういう子どもに育てていくのか、そして子ども自身が内在にしている自分の力で成長する場としての条件をどうやってつくるのかだと思います。

これから世田谷区でも、教育を大きく変えていこうとしています。公設民営のフリースクールとして、「東京シューレ」という不登校の支援を長年続けてきたＮＰＯが運営する「ほっとスクール希望丘」がスタートし、同時に「希望丘青少年交流センター」（愛称＝アップス）が、２０１９年2月にオープンします。

それだけではなくて、今、学校教育のなかでも文部科学省の学習指導要領には、「主体的で対話的な深い学び」と「学びの質の転換」がうたわれています。「主体的で対話的な深い学び」とはなにか？　これまでの記憶中心の学力から、たとえその成果に到達しなくても、そこにアプローチしていくさまざまな試行錯誤も含めて、その関係をとりもっていく力だとか、わからないことについて設計していく意欲だとか、そういう非認知能力も育てていこうというのが、学習指導要領に盛り込まれているんですね。

ところがそれに対して、まだ十分に学校現場は応えられてないんですね。昔からの習慣で行なわれる一斉授業であったり、テストであったり、受験システムであったりするものを変えていこうじゃないかという話と、生まれた赤ちゃんが育っていって、保育で預かるということを保障して、子どもが自ら学んで大きくなっていく。つまり、その教育プロセスとずうっと一貫してつながっているという連続性が、この世田谷区にいればバッチリだ（笑）となれば、子どもたちにとってもいい環境になるんじゃないかなというふう思います。

第3章

生きづらさを抱えた若者たちをどう支援するか？

斎藤 環 × 保坂展人

斎藤 環（さいとう・たまき）

1961年生まれ。精神科医。「ひきこもり」診療の世界的な第一人者。爽風会佐々木病院などを経て、現在筑波大学社会精神保健学教授。医学的な側面だけでなく社会学的な側面も含めた多くの著書や啓蒙活動で知られ、文学、映画、美術、漫画など幅広いジャンルで批評活動を展開。その卓抜した視座はさまざまな読者、多岐にわたる領域の研究者たちに影響を与えている。フィンランド発の新しいケアの手法＝オープンダイアローグの紹介にも力を入れ、オープンダイアローグ・ネットワーク・ジャパン共同代表。

変化してきた〝家族の変容〟という問題

保坂　世田谷区と斎藤さんとの最初の関わりは、不登校やひきこもりのテーマで区民会館会議室で講演をしていただいたことだったと思います。会場にはびっしりと聴衆が埋まりましたが、多くの方は悩んでいる当事者だったんですね。さらによくお話しするようになったのは、斎藤さんからオープンダイアローグの本（『オープンダイアローグとは何か』〈斎藤環著・訳　医学書院・２０１５年〉）を送っていただいてからですよね。すぐに読み終えて興味を持ち、お話を聞きたくてまた来ていただきました。

フィンランドの精神病院で行なわれていたチームによる患者さんとの対話の力で、薬物投与をしないケースでも統合失調症の治癒率《ちゆりつ》などが画期的に高いという内容に驚きました。世田谷区役所の教育委員会や保健所、子ども若者部などの関係しそうな職員に参加してもらって、３回連続で世田谷区職員向けのオープンダイアローグ研修を行ないました。その後、世田谷区が設置している、生きづらさをかかえた若者の支援機関「メルクマールせたがや」の開設・運営にも協力いただきました。

斎藤　「メルクマールせたがや」を開設するときに事業者募集で受託した公益社団法人青少年健康センターで「実践的ひきこもり対策講座」の講師を務めていたので、最初はケース相談のカンファレンスをさせていただいて、その後でオープンダイアローグのワークショップ研修を行ないましたね。今後も世田谷区とは関わり続けていければと思っているところです。

保坂　それは心強いですね（笑）。

じつは行政の現場に立っていて、ひとり暮らし問題は隠れた深刻なテーマです。誰とも話をしない生活は明らかに健康を害するというのは、せたがや自治政策研究所で主催した公開講座でのデータなどからもわかります。高齢者の幸福度にはちょっと男女差があって、高齢のみのご夫婦の調査では男性のほうが幸福度が高いんですが、女性が亡くなると男性は急に弱るんですね。実際に私の知る人でも1年ないし1年半くらいで亡くなる方々がいます。その逆の男性が亡くなり女性が残ると、幸福度が跳ね上がります（笑）。元気になって今までできなかったことができて、活動的になって女性が輝く。でも、夫が亡くならないと輝かないというところは気になります。男女とも両方輝くのはどうしたらいいんだろう？　などと考えていました。

たしか10年前も、20年前も、「家族の変容」という話題はすでにありました。昭和的なコミュニティとか『三丁目の夕日』の長屋みたいな世界があったのが、マンションの林立や核家族化によってバラバラになりつつあるという見方はかなり以前からあったんですね。

世田谷区内の46万世帯のうち、半分近くの世帯がひとり暮らしであるということが統計上わかっています。そのなかには、若いサラリーマンや学生を除いて、かなり長期にわたって一人でいるという30代、40代、50代の方も増えていますし、それから８０５０問題、７０４０問題（80代の親が50代の、70代の親が40代のひきこもりの子どもの生活を支える問題）と呼ばれている年老いた親と息子あるいは娘が共依存と言われるような状態で一体となりながら暮らしている。家事なども ほとんど親がやっているというケースがあって、そこで親が倒れたりすると、残った息子の生活能力がほとんどなくて、どういうふうにサポートしたらいいんだろうという高齢の親から相談を受けることもあります。

斎藤さんに伺いたいのは、これまでもずっと続いてた「家族の変容」の問題ですけど、近年はここは変わってきたというポイントはどのあたりなんでしょうか？

斎藤　現場で一番痛感しているのは、親御さん世代がいわゆる団塊《だんかい》の世代の場合は、「わが子がどんな状態になっても支え続ける」という強い覚悟があったと思うんですね。だからそれはいいことばかりじゃなくて家庭内暴力で殴る蹴るされても見放さないとかですね。無償の愛という、そういう執着みたいなものが強かったという印象があったんですけれども、ここ10年、あるいは20年くらいの傾向として言えることは、子どもの状況によってはあっさり心理的に切り捨ててしまう家族が全般的に増えたなという印象を持っております。

なぜそう思ったかというと、私が以前病棟に勤務していたときに、入院している子どもが心配で親御さんが毎日のように会いに来るんです。毎回こちらにも面会を迫るし、すごく心配して様子を見に来るということが多かったんですけれども、ある時期を境に、入れたら入れっぱなしという人が非常に増えたんですね。

もう子が若かろうと、年くっていても自分とは関係ないという感じで、入れてしまった

ら知らん顔で、こちらが言うまで来ないとか、たまには来るので見捨てたわけではもちろんないんですけれども、執着心というか、関心の持ち方がクールになったなと受けとれる変化があります。

この変化が自分の思い通りに育たなかった子のことは知らんという変化だとすると、たとえばひきこもったり、暴力的なことがあれば切り捨ててしまったりとか、これがひょっとしたらジワジワと増えているのかもしれないという前兆を感じました。ですが、実際には幸いそこまで至っていなくて、ホームレス自体の全体数は減る傾向にありますから、まだそこまでのことは起きていないという感じがあります。

ただ今後はまだわからないので、これから家にいられない子どもが増えていく可能性も出てきたかなと思っています。

虐待の本質は「子どもは親の所有物である」という発想

保坂　私も以前、乳幼児期からの早期教育の問題で本（『ちょっと待って！　早期教育』学陽書房・１９９６年）をつくったことがありました。その時期から母子一体化して中学受験に向けて、小学校の低学年からありとあらゆるプログラムを立て、そこに突っ込むという家庭というか、母子を見てきました。とくに世田谷区では、学校によっては受験しない小学生より受験するほうが多い地域もあるんですね。地域によっては小学校６年生の３分の２が受験するという学校さえあります。

最近気になってきていることとして、虐待のタイプで昔からあったんでしょうけども、「教育虐待」と称される類型が出てきています。つまり学校の成績や受験の準備がうまくいかないとか、あるいは受験に失敗したとか、教育に関することで親子関係のなかに暴力も含めて衝突が起きる。あるいは志望校に合格させるために四六時中勉学に励むという親

の設定するルールが子どもにとって苦痛以外の何ものでもなく、こうした環境が理由で起きてくる親子関係のきしみ・不調から、児童相談所によって親子分離されて保護されるという中学生や高校生なども増えている。

いわゆるＡＩ時代で、東芝も原子力産業への前のめりの投資で壊滅的に失敗するなど、かつて世界に君臨していたかに見える日本の大手企業が業績不振になって、終身雇用どころじゃなくなっている。その社会の変化とは無関係に教育産業が主導する「子どもの数が減れば減るほど競争は厳しくなるんだ」という逆立ちした奇妙な論理ですね。いつまでたっても、「これから競争は厳しくなる」と言われているんですね。そのことを疑いもせずというか、その歯車に乗って受験戦争に、親子の戦いだということで突っ込んでいくんですが、そもそも全員が受からないから受験があるんですけどね（笑）。

それで、「受験で落ちた、不合格だ」というときに母親から突き放されるように「あんたの人生終わったね」と言われたという子がいます。あるいはそこまで言わなくても、朝から晩まで「なに食べるの？」「なに着るの？」と言っていた母親が、子どもに関心を示さなくなった。そこにいるのに、いないかのようにして扱うようになった。

受験に失敗した子どもへの親としての関心が急速に薄くなるのが、当然子どもにもわかる。それで自分の人生終わったんだと、否定的に縮んでしまうケースがある。斎藤さんの現場からはいかがでしょうか？

斎藤　じつは私が所属している筑波大学社会精神保健学研究室は、虐待が専門でもあるんですね。私というよりは森田展彰准教授が専門で、学生たちによる調査データもありますけど、虐待には共通点も多くて、いわゆる貧困による虐待も、教育虐待も、その本質は変わらないと考えていいと思います。

具体的に言えば、それは「子どもは親の所有物である」という発想法が共通していて、所有物だから好きにして構わない。所有物だから殴って構わない。殺しても構わない。所有物であるから、自分の好きにしていいし、教育して構わないし、言うことを聞かなければ暴力をふるっても構わない。そういう傾向が非常に強い。つまり子どもの人格を認めてないわけですね。自立した個人としては認めていないので、持ち物の一つ、アクセサリーの一つという捉え方をしている。それがどういう階層にもかかわらず、子どもの心を壊すような虐待になってしまうというのは、かなり共通したことでないかと思います。それを

変化したこととして考えるならば、所有物感がむしろ強まってきているのかなという気もしています。

虐待件数は年々上昇していいますが、これはいろいろ説があって、「昔のほうが虐待は多かったけれど認知件数が上がっただけではないか？」という説と、「実際の件数が上がっている」という説があるわけですけれども、その根底にあるのがわが子の人格を認めずに所有物であると考えている人がかなり広がりつつあるのかなと。

ただこれは当然、親のエゴと言ってしまったら簡単なんですけれども、先ほど保坂さんが話されたように、今の受験産業自体が親の不安を煽《あお》る仕組みになっていて、煽られた親はそういうふうにしか考えられない状況に追い詰められているということかもしれないので、いちがいに「親のパーソナリティがおかしい」からそうなっていると言ってしまうとちょっと酷な気もします。この問題は、いわゆる低所得層の虐待が社会からのサポート不足によってこじれていくという面と、かなり似通った構造があると思います。

区立の児童相談所を100名体制でスタート

保坂　虐待の話が出ましたので、児童相談所の話もしていきたいのですが、世田谷区では2020年4月に区立の児童相談所を職員106名体制で発足させることになります。

じつはオープンダイアローグのお話は、児童相談所の新たな取り組みのうえで、専門職という立場で職員がどのように活用するのか。専門職の方の技術や知見を尊重して、なおかつその専門職にすべてを依存しない福祉やサービスはどのようにできるかを考えているところなんです。

じつは2004年に佐世保市立大久保小学校というこの地域では伝統的な名門校とされていた学校で、女の子が給食時間に同級生から首を切られ殺害されてしまうという事件が大々的に報道されました。いわゆる佐世保事件です。

私は当時国会議員を落選中で〝浪人〟していたこともあって、ジャーナリストとして現地に取材に行って、実際に学校長や教職員に会って話を聞いたのですが、ちょっと違和感を覚えたことがあったんですね。どういう違和感かというと、クラスの担任はその事件現場を見て精神的なショックもあったのでしょう。学校に来れなくなります。そのためベテランの教員が担任に替わるのですが、取材者である私に対して学校関係者は、「子どもたちの心のケアについては『心の専門家』に任せます」と言うんですね。

その心のケアを任せられた専門家というのが、まだ若い臨床心理士で学校カウンセラーだったと思いますが、あるいは県から支援に来たような方が、子どもたちやあるいは担任が事件の起きたクラスでどういうふうに言えばいいかみたいなことを「専門なのだから」ということで担当させられる。

私の感覚で言えば、やはり子どもたちのことを一番知っているのは教員や保護者であって、カウンセラーの方はほとんど基礎的な情報もないままに、制度的にポンと派遣されてきた人なんですね。緊急時のことですから、その方が果たす役割ももちろんあると思うのですが、学校関係者が「心の問題は専門家に任せます」と語ることは、裏返して言えば「自分たちは心の専門家ではないので、心の部分は関与していません」と言っているように私に聞こえてしまい、奇妙な印象を持ってしまったんですね。

斎藤　この「専門家に任せる」という風潮は、おそらく95年の阪神淡路大震災以降に被災地で、「心のケアするのは専門チームである」ということが一般化して、このこと自体は私は非常によかったと思っています。というのは、これまで大規模災害で心のケアが必要だと言われることはなかったので、それが定着したことは非常に喜ばしいことだと思います。

ところがそれがいささか度が過ぎたといいますか、形骸化《けいがいか》してしまったところもありまして、いわゆる分業が進み過ぎてしまったんですね。もっと一般常識で話を聞くとかできることが相当あると思うのですが、それすらもすべて専門性の問題にされて、そうした風潮は非常に好ましくないと思っています。

じつは、その事故なり災害なりが起きた直後にケアが必要となるケースというのは意外と少なくて、むしろ心の問題というのは長期的な影響が懸念されるわけです。ところが専門家が関われるのは、直後のごく短期間だったりするわけですから、その期間だけケアしようとしてもなかなか対象が定まらないということが起こりやすいですね。ですから長期に関わるのは、やはり学校の先生方だろうと思うんですよね。

まあ、これはまた先生の仕事を増やすようで恐縮なんですけれども、どういう関わり方を長期的にしていくべきだということを専門家に尋ねながら一緒にやっていくという発想がはるかに有効で、意味があると思うんです。すべて丸投げするのではなく、専門家のアドバイスを受けながら、「支援者支援」の発想で間接的に支援をしてもらうほうがカウンセラーの方の負担も少なくてすみます。

先生方も、ふだんから関わっている子どもたちに対する接し方を変えるだけでケアになることが十分あり得るわけですから、そこらへんを柔軟に考えていただきたい。つまり多職種連携的にやっていただきたいんですけど、多職種連携の必要性が叫ばれている割には、心の問題に関してはなぜか専門家に丸投げという例が非常に多いという印象がありますね。

流れとしてはオープンダイアローグもまさにそうですけれども、専門性を限定しないで、福祉関係者も教育関係者も他の専門家も同じチームに参加しながら、あるいは必要があればそのチームに別の専門的を呼んだりしながら連続性を持って変えていきましょうという

◘ オープンダイアローグの基本的なルール

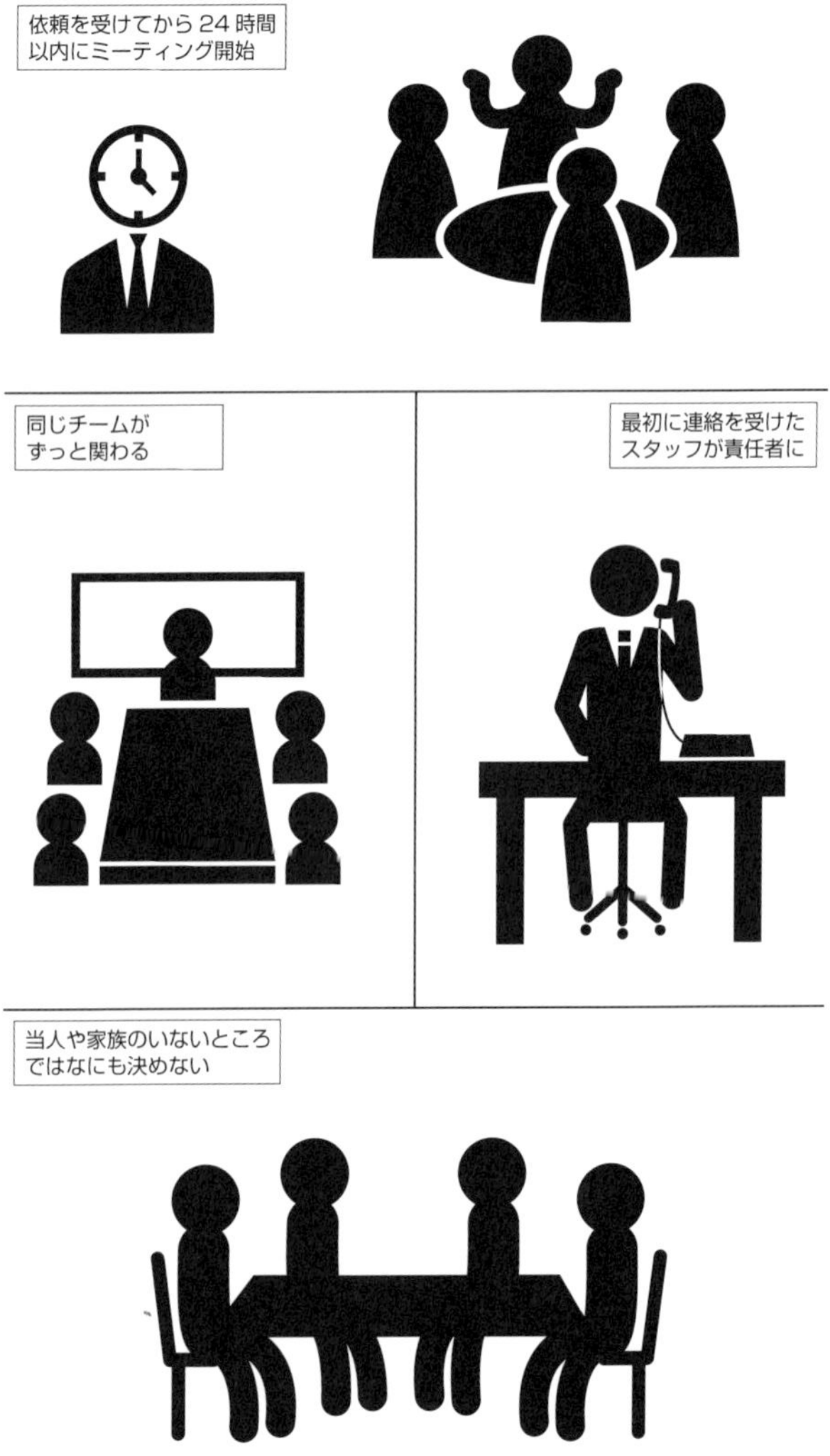
依頼を受けてから 24 時間
以内にミーティング開始
同じチームが
ずっと関わる
最初に連絡を受けた
スタッフが責任者に
当人や家族のいないところ
ではなにも決めない

ことが大事だと思うんですね。

とくに軽視されているのはこの連続性ということで、専門家以上に大事なことは、馴染みのあるメンバーがサポートしてくれるかどうかだと思います。まさに担任の先生とか、そういう身近な人が、継続して関わってくれると一番の安心感につながるんですけれども、そこを不連続にして、あえてバトンタッチしてしまうのは責任の所在としては正しいのかもしれませんけれども、ケアとしてはちょっとおかしなところも多いというか、ヒズミを生んでしまうのではないかという懸念を感じますね。

児相、子ども支援センター、医療機関などが連携する混成チーム

保坂　今、構想している世田谷区の児童相談所の運営の仕方についてもふれていきたいと思います。これまで世田谷区は、5つの地域に身近な子ども・子育ての相談を受ける子ども家庭支援センターという機関を置いています。ここにも地域の方から虐待と疑わしき情

報などが寄せられます。あるいは孤立した子育てのなかで、「つい子どもに手が出てしまうんです」というお母さんの訴えなどについても相談にのっています。

現在は東京都が児童相談所を運営していますから、これは仮の話として聞いていただきたいのですが、A君という子どもがケガをして大きなアザなどが病院で発見されて、それを医療関係者から児童相談所などに「これはちょっとふつうのケガではないのでは?」などの連絡がいくわけですね。

このような連絡を児童相談所から受けると、区の子ども家庭支援センターでは「面的」に状況を調べることができるんですね。つまり、強い権限を持つ児童相談所ではなく、子育ての相談・支援機関としてアプローチするんですね。そのお子さんの家の近隣関係に話を聞くこともできれば、通っていた保育園や幼稚園、あるいは学校でどういう話をしているか、友達同士はどうなのかも聞けるわけです。

ケガの状態とか虐待が疑われるような痕跡《こんせき》がどこで発生したのかというのが大問題なわけで、それが家庭内なのか、あるいは教育施設や保育施設なのか、友だち同士の暴力の可能性はないかということについて、かなり調べるわけです。調べて一定のことがわかったときに、子ども家庭支援センターと児童相談所が十分な事実と認識の共有がはかられないまま、突然に鉄の遮断機《しゃだんき》がガシャンと降りるように一時保護が行なわれ、「児童相談所の措置命令が出ました」ということで、そのA君は私たち区職員の目の前から消えるわけですよ。そして、その後どのような経過をたどったのか、世田谷区にはまったく見えないし、情報もないわけです。都と区の制度的断絶です。また、区の知らないうちに一時保護が解除されて家庭に戻っていたというケースもありました。

今考えているのは、日常の子育て相談の窓口である子ども家庭支援センターと、親子分離という強制力のある措置権限を持っている児童相談所の部隊が、共同で混成チームをつくる。それで地域情報や子どもの成育歴や家庭環境など、子ども家庭支援センターがこれまで蓄積している情報ネットワークと専門職である児相職員、これも児相移管後は区の職員になりますけれど、あるいは医療機関などをつないでチームでやっていこうというときに、オープンダイアローグのような発想も鍵になるのかなというふうに思っています。

斎藤　われわれの仲間に児相の職員もいます。そこで、一時保護の措置についてはもちろん必要な場合もあるんですけれども、いわゆる許容度のないゼロトレランス的に、この水準を超えたら問答無用に一時保護みたいな決め方というのは、あまり好ましくないんじゃないかなということを最近考えているところです。

一方で児相を批判する側からは、ひどい虐待を見過さないよう、もっと強硬にあるべきだという世論もありますね。その一方で大したケースでもないのに無理に一時保護して「ひどい目にあいました」みたいな、両方の批判があるので、なかなか職員も厳しいと思うのですが、私はその中間もありうると思っているんですね。

つまりゼロトレランス的にやるんじゃなくて、かといって見過ごすのではなくて、関わりながら判断していくという発想が大事だろうと。オープンダイアローグとはそういうことなんですね。つまり関わっていくなかでいろいろ変化が起こってくる。その変化、度合いを見て判断するという発想なんです。

だから、たとえば虐待をはたらく人が家族がいた場合には、とにかくチームで関わりを持って、それで頻繁《ひんぱん》に訪ねていったり、対話の機会を持ったりして、懸念を伝えていく。懸念を伝えるときにも、いわゆる既存の専門職のように「こんなアザがあってどうも虐待が疑われていますよ。大丈夫ですか?」みたいな問い詰める方向に取り組むんじゃない。

これはオープンダイアローグのなかの派生型でアンティシペーションダイアローグ（未来語り）の一部をなす、いわゆる早期ダイアローグなんですが、上手に心配事を取り上げていく手法なんです。

たとえば虐待が懸念されていて、どうも親が疑わしいと思った場合に、まず親御さんにそのことを伝えて批判されたと思わせてしまうのでなくて、今こういう状況があってわれわれはこういう認識を持っていて、これがどういう方向にいくかわからないのでわれわれ自身が不安であるということを伝えるんです。「専門家のほうが不安を感じていて、なんとかこの不安の解消を手伝ってもらいたい」とお願いするんです。つまり、「専門家にお聞きなさい」じゃなくて、「われわれのほうが不安なので、この不安の解消にあたり、あなたにも協力を要請する」というふうな角度でかかわっていくと、わりと協力を得られやすいということもあるんですね。

そういった相手の心情に寄り添った有効な方法として、この早期ダイアローグがあるわけですけれども、相手を傷つけずに安心感をもたらして、そのもとで対話の機会をつくっていくという非常に洗練された手法なんですね。

オープンダイアローグのフォーマットをすべて移植するのは難しいでしょうから、今お話した早期ダイアローグの手法ですとか、あるいは複数チームという部分は利用するとか、いろんな応用化できる部分というのはあると思うんですよね。

そういった部分を取り入れていただいて話し合いの現場で活かしてもらうことは十分可能だと思います。チームで考えて決めることができますし、まさにそのプロセスとアセスメントと対応が一体化したかたちが大事じゃないかと思っています。

心の傷には治療的なアプローチも必要

保坂　先ほど佐世保事件の話をしましたけれども、当時は、2004年頃のことですが、子どもたちの取材を進めていくと、「発達障害」という言葉に突き当たりました。たとえば、大変優秀なお子さんがいて、学校と合わずに学校からは少し問題だというふうに言われていたなかで、「うちの子は発達障害なのか?」ということを保護者が学校と激しく争っていたんですね。

私も96年に国会議員になる前はジャーナリストでしたので、教育の問題には親子関係を通して相当たずさわっていました。でもその当時、80年代から90年代の半ばまでですが、それほど発達障害という言葉を耳にすることはありませんでした。ところが世田谷区長になってみると、もう子どもに関わることで発達障害について聞かない日はないというぐらいになっていて、小学校などではクラスに数人はいて、たとえば席に座ってもらえない子がいて、若手の先生だと対応が難しくて首が回らなくなって燃え尽きてしまう。それで支援のチームを送るというようなことが日々起こっているんですね。

児童相談所で一時保護されて、親子分離が必要だとされる子の多くが、児童養護施設に行きますよね。児童養護施設には、今は非行少年の割合はとても少ない。施設にいる子の多くが被虐待児なので、やはり心の傷が非常に深くあるので、治療的アプローチも必要になってくるんですね。

児童養護施設は、戦後間もない1947年（昭和22年）に制定された児童福祉法の下にできた制度なので、当初は戦災孤児がいて、その後には養育放棄された子どもや非行少年などが多かったのですが、今や虐待を受けた子が多数を占めるようになっています。児童養護施設自体は世田谷区で2カ所（東京育成園・福音寮）ありますが、これ以上は増やさないというのが国の方針で、家庭的養育に移行しようという方針です。区としてはむしろ里親を増やすという方向でやっています。

社会的養護の課題の一つに、とくに発達障害や虐待によるトラウマに対して治療的にアプローチするということも今後は必要なのかなと思っているんですが、いかがですか？

斎藤　おっしゃる通りですね。発達障害という言葉がひろがりすぎてしまったということがありまして、これは私と同僚の小児科医の発言ですけど「いま日本は発達障害バブルである」ということを言っていました。

まったくその通りで、ひところは少年犯罪はすべて発達障害のせいにされた時期があって、それがだいぶ批判されました。発達障害があらゆる問題行動を解説するマジックワードみたいになってしまって、不登校も発達障害、ひきこもりも発達障害、非行も発達障害が原因みたいな感じで、雑な使われ方をされているということがあります。

じつは私の現場での経験を申しますと、専門機関などから「この人は発達障害なのでよろしく」と紹介状つきで送り込まれてきた人の50％以上は誤診なんですよね。なぜ誤診と言い切れるかというと、この人たちは治ってしまうからです。

　発達障害というのは先天性の脳機能障害ですから、治ったらおかしいんですよね。ところが実際には治療をやめられるケースが結構いたりするわけです。そのように、専門家ですらずいぶん安易に診断しているのだなという印象を持たざるをえません。

　やはり小学校以前での診断というのはなかなか難しいと思います。子どもが多動なのは当たり前ですし、発達段階ごとに言動が違ってくるのは当然ですから、診断する人たちの立場もわかりますけれども、もうちょっと子どもの成長の可能性を信じてもいいのではないかと思うケースをずいぶん見てきました。

　たしかに小学校までは衝動性が高いのでＡＤＨＤ（注意欠陥・多動性障害）というとらえ方もわかるんですけど、中学に入るまでに全然落ち着いてしまって、その片鱗《へんりん》もないみたいな人もいます。これは間違いなく発達障害ではない。そうした安易な使い方が増えすぎてしまったと思います。

　明らかに過剰診断だとしか言いようのない状況もありますので、もうちょっと見極め方を落ち着いてやっていただきたいと思います。とりわけ就学時に特別支援教育に振り分けるかどうかという判断を先生方が迫られるので、早く診断をつけなければいけない、見落としがあってはいけないということで、むしろ過剰診断に向ってしまう。そうした流れはよくわかりますし、診断する子どもの数が多いのでなかなか難しいと思うのですが、もう少しそこに専門家が絡んで正しい診断をしてほしいですね。それから、後になってその子が変わる可能性をもう少し信じてもいいのではないかなと思いますね。

発達障害という診断が、お子さんや家族にとって救済になる場合もあるんですけど、それで傷つく人も相当いますしね。つまり先ほど申しましたように、先天性の脳機能障害ですから、レッテルとして機能してしまう問題もあるんです。もう一つは、今現在、中学・高校・大学の教室空間において、いわゆる〝コミ障〟という言葉がよく使われています。コミ障というのはコミュニケーション障害の略称で、要するにコミュニケーション能力が低い人は障害者扱いされてしまうという構造があって、アスペラー（アスペルガー症候群の人）も同じように使われます。これは本当によくないレッテルですし、スティグマ（ネガティブな烙印）でしかないですよね。

コミュニケーションスキルなんていうものは、どういう席順に座ったかで規定されるようなかなりいい加減なものなんですが、実際にはコミュ力によって教室内カーストの序列が決まったりすることもあります。それがコミュ力が低い、周りの空気読めない人がすぐに発達障害の疑いをかけられてしまうというふうな困った風潮につながっていると思います。

でもじつは、私は発達障害のお子さん向けの指導方針というのは、とても普遍性が高いと思っているんですね。たとえば社員教育にも有効で、障害者雇用に積極的なある会社の社長が「発達障害者向けの社員教育プランというのは汎用性が高いので、ほかの社員全員にも使える」と言っていました。つまり教育現場でも、障害だ、健常だと分ける必要もないと思うんですよね。むしろ発達障害者用に教育プログラムをつくって、それで全体も対応したほうが、たぶん分け隔てのない教育ができると思うんです。

この間、聞いた話ですけど、学校の先生が病院に来て、「この子は発達障害ですか、どうですか?」と聞いたそうで、なぜ聞いたかというと、「もし発達障害でなければ厳しくやります。発達障害ならば優しく接します」とか言ったそうです。

私はそれおかしいと思うんですね。「発達障害であろうとなかろうと、子どもには優しく接してください」と言いたいんですけれども、そういう判断がある以上は、この診断は非常にいびつなものも生み出す結果にしかならないのではないかという懸念を持っています。

地域のなかで障害者が普通にいる
排除や収容とは逆の方向に

保坂　なるほど。ある親にとっては、診断されることでホッとする面もあるかもしれませんが、でも多くの人にとっては子どものこれからのことで非常に不安を抱える結果になっているのかと思います。

話はかわりますが、精神医療をめぐる時代の変遷のなかで、かつての日本で患者を自宅に監禁するという座敷牢の問題がありました。呉秀三《くれしゅうぞう》という都立松沢病院の第5代目の院長で、明治時代に巣鴨で日本で初めての精神科の病院の院長となってから松沢病院院長になった方がいます。100年前といえば、精神科の病院もあまりなかった時代なので「私的監置」といって檻《おり》をつくって、家族が精神障害の人をそこ閉じ込めていた。これに対して精神医療のあり方をヨーロッパ留学で見てきた呉は、強い問題意識を持ったんですね。呉はその「私的監置」の全国調査を助手ら10数人と行なって、6年かけて檻の見取り図や写真とか詳細な「私的監置」のレポートを書き残していました。呉がその調査を行なった理由は、やはりこういうありようは人権侵害だということと、精神医療というものをもっとちゃんと確立しなければいけないんだというところにあったようです。

もう一つこのところ印象に残ったのは、戦時下で精神疾患になった旧日本軍の兵士が、戦場の前線にいられずに帰国して戦後は家に戻ることができず、長期収容されていたというNHKのドキュメンタリーを観ました（『隠された日本兵のトラウマ〜陸軍病院8002人の〝病床日誌〟』）。日本に帰って精神科の病棟に入った人たちが相当数いて、8002人の一人ひとりの所見が「病床日誌」としてこんな分厚い記録として残っていた。

戦争が終わって「全部焼却しろ」という命令が出たらしいのですが、「これだけは焼却してはいけない」と感じた責任者の方が、穴を掘って埋めたそうなんですね。何年かしてから掘り出して、それを検証しているという話でした。

すごくショックだったのは、戦時下の衝撃によって精神のバランスを崩して病棟に入った人たちは、結局、戦後も家族から拒否されて、故郷の家に帰れなかった人が多いというんですね。長期間にわたって、家族にとっては病棟から家に帰って来るという選択ができず時間だけが流れた。軍人として華々しく戦って名誉の負傷をしたり、戦死したのではなくて、戦場で精神疾患になり帰国して入院している。こうして病棟にいる夫や息子に対して「絶対に帰ってくるな。家の恥だ。世間に顔むけができない」という感覚。それは、社会からの排除であり、100年前の人権を認めない座敷牢と同じ感覚なんですよね。

それが今なお病棟にいる90代の人もいて、戦後70何年以上たってもずうっと病院にいるという記録を見ました。

19人の方の生命が犠牲になったやまゆり園事件も、やはり障害をもった多くの方たちが生活する大規模施設ゆえの事件でした。私は強いショックを受けて、事件後すぐに『相模原事件とヘイトクライム』（岩波ブックレット・2016年）を書いて、議論のきっかけをつくろうとしました。ところがあの事件での政治的な反応は、「この問題を掘り下げる議論を徹底的にしよう」ということに残念ながらならなくて、「元職員の犯人はいったん措置入院していたのに、退院後は監視していなかったのか？」という角度の議論がひとり歩きして、自治体に監視義務だけを負わせるような、そういう法律だけを用意したんですね。

（２０１７年の第１９３国会で措置入院後に「退院後支援計画」を義務づける「精神保健及び精神障害者福祉に関する法律改正案」が審議されるも、「患者の監視強化につながる」という反対が強く、結局廃案となった）

じつはあの事件は、国会で起きた事件と言っていい事件なんですね。衆議院議長公邸前で大島理森衆議院議長宛に、手紙のなかで詳細な犯行予告をしたという事件なんですよ。そのことを議論しない国会ってなんだろうと思うのと同時に、「こういう措置入院に至るような人は、世に出さないでくれ」というような感覚ですかね。自分たちの目の前から消してしまえと。障害者権利条約や障害者差別解消法で目指す世界とは正反対のベクトルです。

そこは認知症で妄想が激しくなった方に対して家族が「もうやっていけないので、なんとか病院で預かってください」と言って、精神病棟の中に入っているという構図と基本的には地続きなのかなと感じるんです。

斎藤　やまゆり園の事件に関して言えば、本当にあさっての方向に対策が立てられそうになって非常に残念に思っています。事件の構造的な問題で、障害者施設の長期にわたる収容主義自体がもたらした部分について、この際、論じるべきだと思うのですが、そこは不問にされてむしろ収容主義を強化する方向に議論が進んでしまった。

まったく真逆の方向で語られ、収容からもっと地域に移行しましょうという話ではなく、もっと確実に収容しましょうと、監視しましょうという方向に議論が進んできてしまったというところは非常に残念なところです。やはりマイナスにはみ出してしまった人を排除するという発想自体を、なかなかわれわれは捨てられないのだなということを痛感したということもありましたね。

そのときに、われわれはそういった人たちと向き合えるかどうか、戦時中の障害者の問題も非常に深刻ですし、超長期収容の問題はいまだに続いているわけです。先般も神奈川県で精神科病院の調査をしたときに、最長90年という入院患者がいたということで、ちょっと信じられないような超長期入院がいまだに続いていることがわかりました。

ところが、こうした方はもう社会に帰せないわけですね。つまり病院が生活の場になってしまっているので、社会に戻ること自体が本人にとっても恐ろしいですし、退院が果たしてその人のためになるかどうかということも大幅に疑問があるわけです。退院がホームレス化とか衰弱死とかにつながりかねないということもあります。この収容主義の問題はずっと日本の宿痾《しゅくあ》だったんだろうなと思います。

先ほど、保坂さんが話された呉秀三さんの有名な言葉にある「この病に至る不幸の他に、この国に生まれたる不幸」で指摘されましたけれども、いまだに「この国に生まれたる不幸」というのは続いていると言わざるを得ないですね。まさに収容主義がこの国では続いているわけですから。

この収容の問題に関連して言うと、ひきこもりの方を暴力的に監禁する施設が日本にはいっぱいあるんですね。つまり親の要請を得て、業者がやってきて、部屋をこじ開けて、拉致監禁する。あるいは就労訓練をさせる。私もじつはそういう施設からの救出活動に関わったことがあるんですけれども、怖いなと思ったのは明らかな犯罪で、成人を拉致監禁して長期間軟禁状態にしているにも関わらず、支援策がないんですね。つまりそういう人たちに対する救出手段がないということなんです。

たとえばその人たちが脱出して警察に行っても、その業者がやってきて「この人は親の要請で預かっています」と言えば、施設に返されてしまうんですね。これは法の番人としてあり得ない行為だと思うんですけれども、今は「親の要請が強い」ということで非合法な活動が容認されてしまっているという怖い状況があるんですね。

結局その方に関しては、民間のシェルターを使ってなんとか脱出に成功したケースではありましたけれども、「困った奴は収容しておけ」というのが、これほど根深いとは思ってみませんでした。それはもう民間のみならず、警察組織までそうした発想が浸透してるかと思うと慄然《りつぜん》とするようなことがあります。それをどう解決できるのか、ちょっと頭が痛い問題だなというふうに痛感しているところです。

保坂　収容の問題から言えば、やまゆり園事件で国会で手渡された犯行予告文が先行報道され、犯行青年の「障害者に生きる価値がない」という加害者の優生思想だけが何度もリピートされて紹介され、一方で報道には被害者の写真もない、名前もない。どういう人だったのかの記事もない。家族の悲嘆の声もない、つまり、あの事件については発生当初は被害者情報はほとんど皆無なんですね。

マスコミはどういう人が亡くなったのか全員知っています。だけど、やはり「遺族のなかから絶対に明かして欲しくないという声がある以上は明かせない」というのが神奈川県警の判断だったわけですね。先ほどの戦争直後から70数年にわたって入院されてきたという、その恥の意識というのはやはり差別ということと根続きだと思うんです。

世田谷でも精神障害者の方の障害者雇用をひろげていこうという課題に取り組んでいるわけなんですけれども、地域のなかで障害者が普通にいる。精神障害者の方もいろいろな地域的な活動して普通に地域の方と挨拶をしたり関係を取り結ぶということは、排除や収容とは逆の方向だと思っています。「この地域に住んでいてよかった」と言えるように、「この国に生まれた不幸」をどのように反転させていくかという大事な問題だと思います。

オープンダイアローグを自治体のなかで効果的に使っていきたい

斎藤　最後に改めてオープンダイアローグのことを紹介しておきますが、オープンダイアローグというのはフィンランドの西ラップランド地方にあるケロプダス病院で生まれたケアの手法です。

普通の地方にある単科精神病院なんですけど、対話によって統合失調症を治すというシステムをつくってしまったんですね。それが非常に有効だったので、この地域では統合失調症の発症率自体が下がってしまうというくらいインパクトのあるものでした。やっていることは本当に「対話」だけなんです。われわれも日本で実践を始めていますが、本当に対話しかしていません。薬も使わないし、入院もしないんだけど対話のしかたひとつで、ここまで効果を発揮するのかと日々驚いています。

統合失調症の特徴である幻覚や妄想という強固な思い込みを、対話によって解きほぐしていくこの手法が非常に有効であるということは、日常的な会話やあるいは政治的な対話の場面でも汎用性が高いと私は考えています。すでにフィンランドでは議会などでも応用が始まっていて、少なくとも不毛な立場の固執を生ますに相互の立場を理解するという手法として認められていますので、ぜひこのオープンダイアローグという手法がひろまって欲しいと思っています。

われわれもオープンダイアローグをひろげていく組織としてODNJP（オープンダイアローグ・ネットワーク・ジャパン）という組織をつくっていて、ここを中心として啓発活動を行なっているところです。私も共同代表の一人ですが、関心のある方はぜひこちらに参加していただいて、研修などもありますのでより深くこの手法を理解していただけるのではないかと思います。

保坂　私は学校現場や教育問題を取材してきたなかで、たくさんの若者が精神疾患となり、強い不安や妄想に苦しんでいる姿を見てきました。オープンダイアローグの「妄想」を頭ごなしに否定せず、逆に共有するという発想に衝撃を受けました。自治体の現場でもオープンダイアローグをより効果的に使っていきたいですね。さて、斎藤さんのご専門であるひきこもりの支援についてもお聞きしておきたいのですが、「ひきこもり支援のゴールは就労ではない」とのことですが、行政が行なうひきこもり支援はどうあるべきだとお考えですか？

斎藤　行政は当然のことながら成果を上げなければいけないので、成果としてはやはり就労ではかることになるのはしかたないと思うんです。ですが私が言いたいのは、支援の現場の職員が常に就労を意識してひきこもり当事者と関わりを持つと、かえって本人の気持ちを遠ざけてしまう傾向がありますので、支援現場においては、私は就労を第一の目標にしないほうが良いと考えています。

むしろどうしたら本人が安心できるかを追求していくと、おのずから就労のほうに気持ちが傾いていく。おのずから向かうことが大事なのだろうと思います。まわりからそれを押しつけるとかえって遠ざかってしまう。この逆説をどう行政に組み込んでいくかが大事なところだと思います。

保坂　ひきこもり支援で立ちあげた「メルクマールせたがや」は5年間の課題として、相談者がより抵抗を感じないで来れるようにしなくてはならない。今のところ世田谷では、推定で社会との関わりを持たない4400人の広義のひきこもりの方がいると言われているなかで、5年間かけて、そのうちアクセスできたのはようやく500人弱ぐらいなんです。まだ90％の人たちにアプローチできていない。

ひきこもり支援の入口の問題がある一方で、出口の部分についても、就労が唯一の価値なのかというと、支援現場の職員たちも違うと思っています。今、斎藤さんが指摘されたように、行政の委託事業は効果を求められますので、「支援」を居場所と相談でやっているだけじゃなくて、あせらずゆっくりでいいから、何かしなければいけない。

そこは「メルクマールせたがや」単体ではなくて、同じ池尻にある「若者サポートステーション」も含んだ「若者総合支援センター」として一体的なかたちをつくっていて、野毛にある「青少年交流センター」という場も含めて関係施設で一体の支援のかたちがつくれたらと考えています。さらに2019年2月には、希望丘に「希望丘青少年交流センター（愛称＝アップス）」ができます。居場所を求める人を含めた、ひきこもりや生きづらさを抱えた若者の専門支援機関としてだけでなく、そこでは青少年の交流ができる芸術文化表現や農業体験などいろいろな社会体験もできるひろがりが出てきます。

そうしたさまざまなリソースを使って、居場所と相談の場面の限られた人間関係のつながりから、「ここからの一歩」を踏み出した、その人にとって好きな外界のどこかにつなげることができれば、それが支援の成果なんだというふうに考えています。

若者支援は
さまざまなきっかけづくりから

斎藤　自分が求められているという感覚をどこで受けとめられるかということが大きなきっかけになるかもしれないと思っています。それはボランティア的なものでもいいですし、東日本大震災のときは被災地に親子でボランティアに行ったなんていう話も聞きました。ひきこもりの人は〝日常〟にはなかなか馴染めないのですが、〝非日常〟にはむしろ強いという面を持っているので、震災の直後には頑張れるんですね。復興に力を貸したり、避難所で役割を担って活躍したりしています。

ところが避難所に〝世間〟ができ上がってくるともうダメなんですよ。そうするとパーテーションの中にこもってしまう。パーテーションって腰くらいまでの高さなので上から丸見えなんですけど、丸見えなのにそこにひきこもってしまうんですね。あれは本当に不思議な心理なんですけど、囲まれていると安心するのかもしれないですし、よく「個室がなければひきこもらない」という人がいるんですけど、それは全然あたっていない。ひきこもりというのは心の壁みたいなものをつくることですから、どこでも起こってしまうということを痛感しましたね。

難しいのは「ひきこもらせない」という対策はあり得ないんですよ。ひきこもりというのは初期段階では自己防衛反応なので、それをさせないことはむしろ危険なんですね。人間の心の病というのは、最初は自己防衛反応だったのが、こじれると病になってしまうということが非常に多くて、神経症などはそうですよね。

トラウマへの防衛機制がトラウマの反復につながって神経症になってしまう。あるいは解離《かいり》といって自分が自分であるという感覚が失われている状態になる。これはトラウマを避けるための工夫なんですけど、これがこじれると多重人格になってしまうこともあります。

ひきこもりも同じで、一時的にはひきこもりも役に立つんです。ものすごいストレスへの対処としては有効な手段なんですけど、それがしばしば自分の意図や目的を超えて長期化しやすいということが問題なんですね。それでどの段階から目的を超えたのか自分ではわからないんですよ。どこで介入したらいいのかという判断は難しいんですけど、強調したいのは、ほとんどの人はひきこもりをなんとかしたいと思っている。ただし自分の力で。これがポイントなんです。人の助けは借りたくないんですね。それは潔しとしない、プライドの問題もありますしね。

ですから周囲の人が、たとえば「○○をお願いします」と声がけするのは間違いではないのですが、お願いの裏に支援の意図を嗅ぎとるともうダメなんですよ。「なんとかしてやろうと思ってるんだろ!」となるわけで(笑)、そこが本当に難しいところですね。周りからしたら「もうそんな面倒なやつは知らん!」となるのはしかたないんですけど、これはもう人間性の根幹に関わる問題ですから、あきれずにつき合っていただきたいですね。

そうした意味でご紹介したオープンダイアローグは、拒まれにくく、かつ自尊感情を高める可能性が開かれている方法ということで、ひろめたいと思っているんですが、残念ながらまだシステムに組み込まれるほど普及はしていないし、組み込むにしても費用がかかったりしてなかなか難しいわけです。

ただ、医療としてやろうとするとハードルが高いですけど、普通の支援のなかに組み込む分にはコストもかからないんですね。対話の仕方を変えるだけですから。複数で行なう対話なのでスタッフの数が必要じゃないかと言われてしまうかもしれませんが、それで改善が早まればコストダウンにつながる可能性もありますので、ぜひいろいろな現場でひろめてほしいと思います。

保坂　世田谷でもひきこもり支援をテーマにしたシンポジウムをやるとかなり大勢の方が集まります。また「メルクマールせたがや」にも全国からいろいろな見学者が来ています。

たとえば、ほかの自治体に住むひきこもりの方が、住んでいるところの市役所に電話したら「世田谷に行ってください」と言われて「紹介を受けて来ました」という人もいます(笑)。本来なら、東京都がこうした事業を行なうべきだと思うのですが、じつは東京都で青少年対策をしているのが、石原都政下で生まれた青少年・治安対策本部というところなんですね。でも、治安対策本部なんていう名前を聞いただけで構えてしまいますよね(笑)。小池知事になって、今後は名称変更を考えているようですが。

シンナーやって、窃盗やって、半グレになっている者を指導監督するという発想がドーンと前面に出ていて、だから「青少年」と「治安対策」だったんでしょうね。世田谷区がやっている若者支援のかたちは、ほかの東京23区にもなかなかひろまっていないんですね。そこにはやはり成果主義みたいなものがあって、たとえば「税金でひきこもりなんかの面倒をみるのか」「甘えているだけじゃないか」みたいな俗論があるんですね。だけど生活のうえではすべて親依存の人が多く、ご飯の炊き方も、物を買うことも知らない。そうすると親が倒れたりすれば、極端に言うと衰弱して餓死してしまうかもしれない。餓死しないまでも生活保護が必要になってくれば、さらに多大な税金が出ていく。

ですから若者支援では、一人ひとりの状況は違いますけれども、粘り強くいろんなきっかけをつくり出していって、それを偶然面白いなと思って、なにか動き出してくれればいいなと思っているんです。

たとえば、「メルクマールせたがや」に来た人と、隣の「若者サポートステーション」に来ている若者たちが一緒になってカードゲームで交流しているところへ見学しに行ったことがあります。なかなかひきこもりの人の居場所ってないんですけど、話してみると、自分と同じような体験境遇の人たちもいるようなので、「ここなら安心して来れる」という声もありました。あるいは、メルクマールが開設されたという新聞記事を切り抜いていて、4年前から知っていたけど、4年経ってようやく行ってみる気になったという人がいたり、なかには就労につながったケースの人もいましたけれども、それも無理のない対応の積み重ねの結果でした。やはり直接ひきこもっている人とはなかなか会えないんですが、これからも現場に出向いて直接聞いていくということをしたいと思います。

家族の変容ということが、年を追うごとに多様化してきたように思えます。家族に課せられてきたある種の期待や重しが強すぎて、内部崩壊というか夫婦が別居状態になったり、あるいは夫婦間の会話の大半が子どもの成績や受験の話題という教育家族になって、子どもが受験失敗すると家庭内の会話もなくなってしまうとか。

やはり「家族がいて気持ちがいいな」とか、「今日は楽しかったね」みたいな、お互いさま、お陰さまじゃないですけれども、お互いのサポートというか相互扶助が大事かなと思うんですね。これからも「家族の変容」を見ていきたいですね。

第4章

コミュニティの力で支えあう「地域的養護」の役割とは

湯浅　誠×保坂展人

湯浅　誠（ゆあさ・まこと）
1969年生まれ。社会活動家。法政大学現代福祉学部福祉コミュニティ学科教授。元内閣府参与で、緊急雇用対策本部貧困・困窮者支援チーム事務局長、内閣官房震災ボランティア連携室長、内閣官房社会的包摂推進室長を歴任。『「なんとかする」子どもの貧困』（角川新書）、『反貧困』（岩波新書、第8回大仏次郎論壇賞受賞）、『ヒーローを待っていても世界は変わらない』（朝日文庫）など著書多数。

民主党政権下で、国は初めて貧困があることを認めた

保坂　最初に湯浅さんにお会いしたのは、私が衆議院議員だったときで、リーマンショックの後、暮れに日比谷公園にできた年越し派遣村（2008年）の場でしたね。多くの派遣労働者は、低賃金で製造現場で働いていた。リーマンショックとともに工場で首切りにあい、住んでいた宿舎も追われ、路上生活に転じていた人もいました。年末年始の緊急の取り組みとして、派遣村ができて、湯浅さんはそこで〝村長〟をされていました。

私は野党議員の一人として、公園にいる人たちの一時宿泊先に厚生労働省の講堂を緊急に開放するように働きかけたり、全国の雇用促進住宅の廃止をやめて、宿泊先として再利用することなどを政府に働きかけて実現しました。その後、私の立場も変わって、東日本大震災の後、世田谷区長になったわけですけれども、その当時は民主党政権で、たしか湯浅さんも政権のなかに入って、いろいろと社会政策の提案をされていた時期ですね。

湯浅　そうですね。内閣府参与という立場でアドバイザーをしていました。

保坂　民主党を中心とする政権で、どのぐらいの時期にどんなことをしていたんですか？

湯浅　じつは2回やっていて、最初は２００９年10月から翌年の3月まででした。そのときは〝公的派遣村〟なんて言われましたけど、行政として、年末年始の総合相談をしっかりやろうということで政権のなかで旗振りをして、結果的には東京都で実施してもらったんですけど、まずそれをやりました。

そこでひと区切りついたので一回辞めて、また2ヶ月後に参与になっているんです。そのときはパーソナルサポートというモデル事業をつくりました。たとえば一人の人が、入院して退院したり、ときに生活保護を使って、そこから抜けて若者支援を受けたり、いろんなかたちで制度をまたがってサポートを受けている場合がある。ところが制度の切れ目が縁の切れ目になってしまうことが多く、ずっとそこに関われる人がいなかった。

一人の人を切れ目なくみていくという意味で、パーソナルなサポートをするサービスをつくろうとモデル事業をやりました。これを内閣府で3年間のモデル事業をやって、厚労省が引き取るというときに、これでもう制度化されるだろうと思って辞めたんです。その後3年間、厚労省のモデル事業になり、2015年に生活困窮者自立支援法という法律になりました。総合相談窓口を全自治体がつくることになって結実しました。それが私の成果といえるでしょうか。

保坂　世田谷でも同法の施行に基づいて、生活困窮者自立支援相談センター「ぷらっとホーム世田谷」をつくり、今も連日、相談者が来ています。ところが当時と変わって最近は、内閣府というと規制改革会議とセットになって、もっぱら規制緩和策に力を入れてますね。この間も設置責任がどこにあるかわからないような、書類やWEB審査だけの届け出制に近い企業主導型保育の問題が表面化しました。すでに全国に2500カ所もできてしまった。ところが、世田谷区でもその企業主導型の保育園が突然閉園になって、園児たちが居場所を失い親が困っているので、なんとか制度設計をし直せということを内閣府に要請に行ったところです。

湯浅　自民党政権時の経済財政諮問会議と規制改革会議が止まっているときに、そこにいた部署の人たちと私は一緒にやっていたんです。

保坂　日本の生活困窮者支援の福祉政策のなかで、湯浅さんが政権のなかに入って福祉・

社会政策をつくっていたという時期は、たいへん重要でしたね。
一般的に言うと、民主党中心の政権交代はいいことはなにもなくて失敗ばかりだったとか、非常にネガティブにしか評価されてないんですけれども。やはり湯浅さんがいた時期があったからこそ、今も世田谷で生活困窮者自立相談支援センターが運営できる時代を築いた流れがあったと思うんですね。
湯浅　私が担当した分野に関しては、一番大きかったのは制度政策そのものだけではなくて、2009年の政権交代直後ですけど、「日本の貧困率」を厚労省が発表したことなんですね。あれで40年ぶりに日本に貧困があったことを国が認めることになった。それまでは「日本に貧困問題ありません」というのが政府答弁でしたから。
保坂　当時、小泉総理時代の国会では、国は頑として貧困を認めていませんでした。全国消費実態調査でジニ係数（社会における所得分配の不平等さを測る指標）を示したんですね。
湯浅　しかも奇妙な話ですけど、1985年にさかのぼって発表した。つまり1985年から日本に貧困があったのに、2009年まではないことになっていたんです（笑）。
この発表でかなり変わったんですよね。その頃、私は結構テレビの討論番組などに呼ばれていましたけれど、私の目の前には「日本に貧困の問題なんてない」と言う人がいっぱい座っていて、私が貧困や格差のいろいろな事例を出しても、「そんなのはレアケースでしょう。あなたはこんなちっちゃい話をこんなに大きく言っているだけでしょう⁉」みたいなことを言われて、「あるのかないのか論争」をなかなか抜けられなかったんですね。

それがあの発表があって、その後も女性の貧困、高齢者の貧困、そして今は子どもの貧困と続きますが、そういう問題自体を否定する人はほとんどいなくなった。これは相当大きな変化だと感じます。

国の制度設計を生きた制度にできるか世田谷区が実証の場になっている

保坂　なるほどね。自民党政権に戻っても、霞が関のそれぞれの省庁のなかで少し枠組みが変わってきて、「住宅政策と福祉政策がドッキングしないと貧困と格差の解消は動いていかない」という認識がようやく生まれて、障害者やひとり親家庭などへの住宅支援策として、家賃を国と都、そして区で毎月4万円を補助する仕組みが動き出しました。住宅セーフティネット法が改正されて、新たな住宅支援が可能となったんですね。これまで、区の運営する「せたがやの家」（民間の集合住宅を一定の期間借り上げて貸し出す民間住宅で、特定優良賃貸住宅と呼ばれる）の子育て応援住宅制度で4万円の家賃補助を行なってきました。この子育て家庭応援住宅の反響は大きくて、約100世帯が利用しました。4万円引きは大きいと思いましたね。今回、住宅セーフティネット法を使って、ひとり親世帯、シングルペアレントの親子を対象に住宅を登録してもらい、居住支援協議会を通じて支援するという制度が始まったんですね。

それでも実際にやってみるとなかなか難しくて、マンションや貸家の大家さんからするとやたら手続きが多くてメリットも感じられないのか、ようやく数件の住宅が見つかったところです。9万円の家賃が4万円引きですから5万円になって最長10年住める。シングルマザーの方がお子さんを連れて入れるので、そこに入居者が入りだすと、制度設計は動き出すということになります。

霞が関は制度設計をするんだけど、やはり生活現場や不動産流通の現場とのズレも生じてくる。本当にこれが回っていくのか、本当に生きた制度にできるかどうかについては、世田谷区が実証の場になっていくんではないかと思います。
　自治体の現場というのは、要するに全部具体的じゃないですか。動くのか動かないのか、ニーズがあるのかないのか。湯浅さん自身も全国のいろんな自治体に出向いたり関わったり、今までで印象に残っているのは?。

湯浅　それはもう辛い思い出しかないですよ!（笑）。やはりテーマがホームレス問題や生活困窮なので、一番ぶつかったのは、制度を手厚くすると支援対象者が周辺から流入してくるという懸念ですね。あとは自治体内で眠ってる人を掘り起こしてしまうこと。寝ていてほしいから、わざわざ掘り起こすなと。湯浅は面倒くさい話ばかりを持ってくる人みたいな感じで、辛かったんですよ。正直、大変でした（笑）。
　それでもだんだんと官僚の人たちと、どうやってあの市長に話を持っていったらいいのかとかを相談するようになっていって、彼らと相談できる関係になっていきましたけど、まだ当時は保坂さんの言うような「あるものを探そう」「あるものを活用しよう」という発想になる前だったと思うんですよね。

発想の転換につながったのは、東日本大震災が大きかったと思います。それこそ空き家活用とか、自然エネルギーもそうだと思いますけど、当時はまだそういう話になっていく前だったので、結構大変だったなぁという思いが強いですね（笑）。

保坂　自治体というのは横並び意識が強いのですが、それが前例が一つあるとガラリと変わってくるんですね。たとえば、東京電力とダラダラと随意契約していた役所で使っている大口の事業者用電力を「競争入札します」と記者会見をしたら、「世田谷区が脱東電へ」と大きく報道されて、「そんなやり方があるんですか⁉」と全国の自治体に波紋がひろがり次々と採用されていきました。

もともと大口電力は自由化されていたので、競争入札も制度的に可能でした。ただ横並びで、どこもやっていなかっただけなんですね。ワイドショーでも取り上げられて、あっという間に1週間で東京23区のうち17区が競争入札をすることになりました。私のいくつかの経験から言っても、前例があるかどうかというのは非常に大きいことなんですよね。

湯浅　最初の1件目が重要ですね。ワンストップサービスのときも、当時政令指定都市が18市あって、最初はなかなか進まなかったんですけど、だんだんと増えて17市までいったんですよ。ある政令市で「うちはやらない」って最初から言っていた所があったんですけど、記者発表する2日前に電話して、「あとはおたくだけですが」と言ったら、翌日「やる」と言って（笑）。7割ぐらいを超えるとバタバタっと、いけるなという感じになりますね。最初の1件がとにかく大変ですね。

保坂　なるほどね。LGBT（性的マイノリティ）の同性カップルの認証制度も、渋谷区と一緒に2015年11月に最初に始めたんですけど、今ではずいぶんひろがりました。

政令指定都市でも、札幌から福岡や大阪までかなりひろがっていますが、2018年1月末で、千葉市が加わると居住人口が940万人にも達する勢いになってきました。でもよくよく考えてみると、家族の問題にふれるということは、人と共に暮らすという暮らし方の問題にふれることが自治体には多いんですね。

湯浅　そもそも最初の1件目ってやっぱり大変じゃないですか。議会とのやりとりはどうされているんですか？

居場所づくりが地域再生と社会コストの低減をもたらす

保坂　渋谷区は条例改正をして、公証人役場で互いを認証する書類を作成してそれを持ってきたら証明する制度設計でした。私はメディアのなかにいたジャーナリスト出身の政治家なので、１＋１は2じゃなくて、無限大になるということを知っているので、なんとか渋谷区と同時にスタートを切りたかった。

じつは審議会をつくったり、条例案をつくったりしているのではもう間に合わない。そこで検討した結果、世田谷区としては事務裁量でやっていこうと考えました。要綱レベルでやると事務処理の一つだから区長判断でやれます。それでも、議会報告は事前に行ないましたが、世田谷区議会には上川あやさんというトランスジェンダー（性同一障害）の当事者である区議会議員の方が以前から差別解消の論陣を張られていたこともあって、議会からも正面からの反対の声はありませんでした。

この制度設計にあたって内部でやってきた議論というのは、たとえば相続などの問題が発生したときに、「この世田谷区の証明書によって不利益を被った」などの訴訟が起こるなどの想定例を考えますよね。民法にないこうした「同性カップル」をなんらかのかたちで認証できないだろうかと考えました。そこで一計を巡らせて、「私たちはパートナーです」と宣言してもらって、この宣言をしたという内容が書かれている「パートナーシップ宣誓書」を、「世田谷区長　保坂展人」として確かに受け取りましたと明記した「パートナーシップ宣誓書受領証」という証明でいこうと。

湯浅　それなら条例以前の要綱でいいと。

保坂　ただし、その受領証に明確な法的根拠はないんですね。いわば区長からの文書みたいなものなんですが（笑）、それでもａｕ、ソフトバンク、ＮＴＴドコモでも、この受領証を得た同性カップルに家族割りが適用されるようになりましたし、生命保険会社によっては「受取人になるのもＯＫ」というところもありますので、だいぶ変わりましたよね。

この認証制度が始まったときに、私は世田谷区の不動産関係を全部回って、「強制力はないけれども、区の発行するこの証明書を持ってきたら理解してあげてください」ということを、不動産の業界団体の役員会などでお願いしました。

ところが、肝心の区が運営する区営住宅は門戸を閉ざしていた。これまでの条例の規定は同性カップルを想定していないので、区営住宅には入れないんですね。そもそも申し込みもできません。それでLGBT当事者も応募することが可能となるよう住宅条例を改正する条例を議会に出したところ、「制度全体の法的な根拠がないのは不十分ではないか？」という議論になったんです。「むしろ根底的にLGBTの人権を保障するような条例をつくるべきじゃないですか？」という意見が出てきて、「それはいい意見ですね」と提案を受けたかたちで条例づくりに入ったんです。

それで、2018年春の区議会で男女共同参画に差別禁止やLGBTの人権保障も入れ、さらにヘイトスピーチの禁止とか、外国人差別禁止を含んだ多文化共生を進める政策と、これらを合体したかたちで「世田谷区多様性を認め合い男女共同参画と多文化共生を推進する条例」が、これまた賛成多数で通りました。

湯浅　やはりだいぶ議会の雰囲気も変わってきましたか？

保坂　議論をていねいにやり直した熟議の結果だったのではないかと思います。人権保障の課題は、極力、合意形成が大切で、これには時間がかかります。

もう一つ例をあげると、40歳代、50歳代の生きづらさを抱える中年男性や中年女性、そこは一番支援の手が抜けているところじゃないですか。８０５０問題もその世代ですよね。この問題は社会政策としてどういうふうにやっていけばいいかとお考えですか？

湯浅　８０５０とか７０４０の40代・50代ですよね。この世代がまさに日本のツケの核心なんだと思うんですよ。

保坂　ロスジェネ世代ですね。

湯浅　まさに私の世代なんですけど、フリーター第一世代なんですよ。あの頃バブルが終わるか終わらないかぐらいで、「今の若者はなにを考えているのかわからん」「フリーターっていい生き方だね」みたいな感じで言われて、それがそのまま就職氷河期世代に結びついていって、いわゆる団塊ジュニアが結婚できないままにいる。

先頃、地方創生の文脈でデータが出ましたが、35歳から44歳の未婚で親と同居している男女が日本で約３００万人いるんですよね。そのため、この人たちが起こすはずの第三次ベビーブームも起こらなかった。つまり少子化問題をもたらしたコア世代なんです。だけどこの人たちは一貫して「なにを考えているのかわからない」という自己責任論でずっと片づけられ続けてきた人たちなんですね。

この問題に対する議論が、ある種の社会の後ろめたさとセットになって、みんなふれたがらないんですね。そうこうしているうちにその世代が40代になってしまい、もはや若者でもない。もちろん仕事している人も結構いると思うんですよ。コンビニのバイトとかしているんだけど、親から離れて自立生活できるだけの収入はないし、結婚とかになるとかなり厳しいと。

そういう環境にいるので、この人たちにはいわゆる若者支援の文脈、あるいは障害者支援の文脈も結局同じなんですけど、階段あるいはladder（梯子）をつくろうという話なんですが、やはり居場所的なものから2時間、3時間の短時間の作業的なもの、さらに一般就労を含めたladderをつくって、そこに行ったり帰ったりできるようなかたちにしていくしかないと思います。

具体的には、居場所みたいなところでの「活動の担い手になってくれるだけで十分ありがたい」という構えで、世の中が接していく必要があると思っています。そこでその人たち自身の収入が十分なものに届かなかったりしても、社会に一歩踏み出していく姿勢を評価してほしい。そうした取り組みが地域再生と社会コストの低減をもたらすんです。だから参加して、そして担い手になってくれるだけで十分だというふうに、見れるかどうかだと思うんですよね。

まだやはり世の中的には、「40代、50代ならまだまだ働けるのに、何で居場所なんかで遊んでいるんだ⁉」みたいな感じが強くて、その見方が変わらないとなかなか本人たちも出てくるに来れないという感じは続くと思います。

オール世田谷で取り組んでいくことを打ち出してほしい

保坂　世田谷区でも2013年に若者支援担当課をつくったときに、「どこまでが若者なのだろう？」という議論をしたんですが、「40歳未満が若者である」という定義にしました。ですから、40歳未満であればひきこもり支援センターがあり、いろいろな支援ができるんですね。でも実際には、発達障害の方などを対象にした就労支援センターに45歳の人も60代の人も来られたでしょうか。ただし、そういう方に「帰ってください」という対応はしていないですよね。40歳をオーバーしても、来ようと思えば来れるし、親が連れてきた例もあります。ただ、自分から相談に行くときに年齢を決められているとやはり行きにくいというのはどうしてもあるかなと思いますね。

そういったなかで、湯浅さんが関わってきた子ども食堂が、急速に全国にひろまっているということは、一つの明るい話として受けとめています。

世田谷子ども食堂・松原の活動風景

湯浅　子ども食堂には3年ほど前（2015年）から関わってきましたけど、2018年に全国調査をしたんですね。2016年に子ども食堂の全国の数は、319まで確認されていますが、それから、どれぐらいになったのだろうと調べ始めたんです。まあ、1000ぐらいはいっているかもしれないと思っていたら、なんと2286までカウントできました。2年間でなんと約2000カ所増えたんですね。

いったいなにがどうしたらこんなことが起こるんだろう？と、これが不思議でしょうがなかった。実際に全国各地を回っていると、各地で子ども食堂に対する関心は高いし、ちょっとしたブームになっているんですね。

私は貧困問題を30年やってきましたけど、2年で2000カ所増えるなんてこんなことが起こったことはないんです。子ども食堂は制度化されていないので推進計画もありませんし、補助金を出してる自治体もだいぶ増えてきたけど、それでも全国でみたら1割ぐらいじゃないかと思います。つまり基本的に、自発的に持ち出しでやるものです。それが2年間で2000カ所増えているというのは、ちょっと説明がつかない事態です。

それで、私がいろんな方と話していて思うようになったのは、子ども食堂のような活動の領域がだんだんとクローズアップされてきているのではないかということです。

たとえば、吉本興業が沖縄につくった「ラフ&ピース専門学校」では、１階にこども食堂をつくりました。もう一つ、サッカー日本代表の監督だった岡田武史さんは、愛媛県の今治サッカーチームのオーナー（株式会社今治．夢スポーツ代表取締役）ですが、２０１８年２月の方針発表会で「今治に子ども食堂をつくりたい」と宣言された。別の例では、コンビニエンスストアのファミリーマートが埼玉県内で子ども食堂を始めます（２０１８年12月から開催され、２０１９年３月からは全国約２０００店で開催）。

これらの例は、全部福祉の人じゃないんです。お笑いだったり、スポーツだったり、小売りであったり、福祉分野は一つもない。こういう人たちが子ども食堂の運営に関わるようになっているから、２年前で２０００カ所増えた。

この人たちはどういう理屈で子ども食堂を始めたんだろうということですけど。いろいろ話してわかったのは、ひと言でいうと「人と人がふれあう、優しくて温かい賑《にぎ》わいを地域につくりたい」ということなんです。まずは賑わいづくりなんですよね。そして、そのときに「お金や地域とのつながりがなくて、賑わいからはじかれる子どもをつくってはいけない」と考えている。この論理と順番が大事なんです。

やっぱり一般の方にとって、貧困問題はハードルが高いんですよ。難しそうだし、専門的な介入が必要そうだし。自分にできるかわからない。だけど、「賑わいをつくろう。そこからこぼれる子はないほうがいい」という話だったら、みんな結構すっと乗れるんですね。

この理屈が福祉を超えるんだな、と思いますね。そういうことで言うと、今、子ども食堂は基本的には2本柱で立っている。1本の柱が地域交流拠点。もう1本の柱が子どもの貧困対策という、この二つの足で立っています。そして今、割と人びとが反応しているのは、この地域交流拠点としての側面ですね。

それなので、名称も〝地域食堂〟という名前になっていたり、〝みんな食堂〟と呼んでいたり、子ども食堂と言うとちょっと貧困対策のイメージがつきすぎているので、そこであえて違う名前を選び、あるいは〝〜の家（うち）〟みたいところが増えています。

保坂　「貧困とは何か？」と問うたときに、それは社会的な諸関係を持っていない、友だちがいない、相談できる人がいない、知り合いがいない、そうした社会的孤立のあり方だと私は思います。お金を持ってる人も含めて、人間関係や社会的諸関係の希薄な状態に置かれている人が増えてますよね。やはりそういうときに、社会のなかでもう一回、社会的包摂とか、SDGs（持続可能な開発目標）を目指す包括的な社会をどうしたらつくっていけるのか？　湯浅さんから見てあるべき自治体の役割をお話しいただきたいのですが。

湯浅　保坂さんが区長やっているのですから、オール世田谷でやって欲しいという感じですね（笑）。私が内閣府にいたときに、内閣府に社会的包摂推進室ができて、私が室長になりましたが、そこでは「社会的包摂＝ソーシャルインクルージョン」という言葉を使っていたんですね。ところが私は最近まで知らなかったんですけど、その後、「社会的包摂」は政府のワードとしてはなくなってしまって、唯一、基本方針に残っている省庁があって、それは文化庁なんです。

文化庁は第4次基本方針（文化芸術の振興に関する基本的な方針）を2015年に策定したんですけど、そこには「文化芸術政策は社会的包摂のための社会費用である」みたいなことが書かれてているんですね。

アートの人たちと福祉の人たちは、まだ十分につながってないんですけど、アートですごく意識的な人たちは今、自分たちのことをコミュニティ・アーツワーカーだと言っているんですね。コミュニティ・ソーシャルワーカーというのはありますけど、要するにコミュニティワーカーなんですが、自分たちが何の切り口でやるのか。それはアートの切り口、アートを使ったコミュニティワークだという意味ですね。

そう考えてみると、たとえば大学というのは、現実にある社会資源と学術をつなげていくコミュニティ・アカデミックワーカーになるし、なれるはずの存在なんですね。そうなると、コミュニティ再生とか、暮らしやすさとか、生きやすさというところで、本当は福祉分野ではない人たちがいろいろできるはずなんです。

私が今、子ども食堂で一緒に組もうとしているのが、東京・四谷にあるおもちゃ美術館と全国に6000人もいるらしいおもちゃコンサルタントさんたちのネットワークです。それから吉本興業は、全国に「あなたの街に住みます芸人」を置いているので、その「住みます芸人」さんたちをつないでいって、多様な人たちと一緒に子ども食堂を賑やかにしていきたい。

というような、福祉だけではないコラボをやってこうと思っているんですけど、それは自治体の首長さんが本気になったら本当はぐっと進む。地元の企業さんもそうだし、アーティストもそうだと思います。「社会的包摂」という言葉はちょっと硬いので、表現は少し工夫が必要かもしれませんが、そうした取り組みをオール世田谷で進めていくということをぜひ打ち出してもらいたいですね。

保坂 何年か前に世田谷で、予算の名称を「参加と協働で社会的包摂を進める予算」としたら、「意味がわからん」という声がありました。

湯浅 まず漢字が難しいし、漢字5文字はありえないという（笑）。

保坂 かと言って、ソーシャル・インクルージョンでも伝わりにくいし、いい言葉が欲しいですね。世田谷区ではそれぞれの分野の市民活動はかなり活発なんですね。趣味の活動から、音楽、環境、消費者運動、コミュニティとすべてに大勢の人たちが関わっている。ただ一つの欠点は、それぞれがタコツボ化しているような状況で、横につないでダイナミックに回転していくような回路が十分にできにくいというところだと思うんですね。

湯浅さんの言われる貧困と格差に悩んでいる人のなかにも、黄色信号、赤信号の人たちがいる。地域の子ども食堂などをもっとオープンにして、地域食堂のようなかたちをとったとき、今はまだ黄信号なんだけど、じつは黄色から赤に変わろうとしている子もいて、なんとか赤に変えることを止めることの役割を、そうした場などが果たせるんじゃないかという視点は大事ですね。

子どもに関して、たとえば地域の福祉のネットワークのなかから、この子を支援しなければいけないんじゃないかという情報が出てくるわけです。ところが学校や行政がその子の家に行っても、ドアを開けてくれないというようなタイプのご家庭もあるんですね。

そこで今、世田谷区では高齢者向けの配食サービスのように、充分に食事をとることのできない子どもにお弁当を配食することも検討しています。そこでなんらかの関係ができたら、次の段階で子どもの自宅にご飯をつくりに行く人の派遣事業も考えています。現在、世田谷区には子ども食堂が約30カ所ありますが、出張子ども食堂みたいなことができないかなというふうに考えていますが、どうでしょう?

地域的養護の取り組みが本当に必要な時代

湯浅　私からすると、個別の家庭に入っていくというのは赤信号対応のような感じがします。たとえば、子どもの貧困と言うときに、みなさんの目につくのは赤信号になってからなんです。赤信号の子というのは、大変な虐待家庭とか、いじめが事件になったようなケースですね。

ところが、経済的に修学旅行に行けない子がいるとする。そうすると教室での事前学習でも居心地が悪いし、みんなが帰ってきたときにクラスメイトの思い出話の輪にもうまく加われない。そういう子は「修学旅行に行けなくて悲しい」なんて言いませんから、「そんなところに行って、なにが面白いのかわかんない」とか言っちゃうわけですよ。そのひと言でますますクラスから孤立し外れていくわけです。

でも、その段階で学校は気づいていても、なかなか手が出せない。なぜなら、その子はまだ誰かから殴られたわけでもないし、クツも隠されていない。先生だって「なんであんな憎まれ口を叩くかなあ」と思っているぐらいですよ。

ところがそういうかたちで「ぼっち」になると、やがて、いじめにあったり、なにかの事件になったりする。ここが赤信号。赤信号になると目立ちますから、みんながいっせいに騒ぎ出す。「学校はなにやってんだ！」「親はどうしてたんだ？」と騒ぎ出すんですけど、その赤信号の手前には、じつは黄信号の段階があったんです。

でも黄信号のところを気づかないでスルーしていて、やがて赤信号がともってしまう。それから大騒ぎをする。赤信号がともる前にできることはなにかを考えてほしいんです。

保坂　支援対象が明確になってから動く。グレーの段階では動きづらいという体質が行政にはまだまだあるんですね。

湯浅　できれば、黄信号対応のなかから、気になる家庭に対して個別の赤信号対応を始めるみたいなことができるといい。実際に「子ども宅食」（生活の厳しい子どもの家に、定期的に食品を届けるサービス）は文京区がやり始めましたね。黄信号対応と赤信号対応のどっちかとという話ではなくて、やりながら気になるところに一定の関係ができたら、そっちにリーチしていくというほうが自然かなという感じがします。

ここは、要するに行政が手を出しづらい世界ですよね。民間に委託しての個別宅配のプロジェクトとして考えても、ひとり親家庭は現況届を出してもらっているし、児童扶養手当もあるからすぐに把握ができるので、ここだったらリーチできると考えるんだけど、そうすると私の言うところの「地域的養護」の回路を通らないんですよ。

保坂　湯浅さんの考える「地域的養護」とは、具体的にどんなイメージなんですか？

湯浅　地域的養護というのは聞き慣れない言葉だと思うんですが、聞き慣れないのは当然で、私の造語だからです。ですから言葉自体は忘れていただいて構わないんですけど、私が言いたいのは、家庭も、社会的養護といわれる児童養護施設などもかなりパンパンになってきていて、「地域でできることを考えていかないといけない局面になってきている」という問題意識です。

これは児童養護施設の職員さんの〝あるある話〟ですけど、児童養護施設に来た子どもを案内して、「これから君が住む部屋はここだよ」と部屋を見せたときに、その子が最初に言った言葉が「ここは床は見える……」。つまりこの子は家の中で床を見たことがないですね。そういう家庭環境で育っているから、その子にとっては床が見える環境というのは驚きだった。

児童養護施設では、管理栄養士さんが栄養のバランスを考え、職員が手づくりしたものを子どもたちは三度三度食べています。では、地域になかでどれだけの子がそういう食事ができているかというと、結構できてない子がいっぱいいるわけですね。それは、児童養護施設が恵まれた環境にあるということではなく、地域や家庭がとても大変な状態になってしまっている。そういう家庭が増えているということなんだと思います。

かたや社会的養護のほうはというと、ご承知のとおり、児童養護施設などはもうパンパンの状態ですね。この間の結愛（ゆあ）ちゃん事件（２０１８年、東京都目黒区のアパートで虐待を受けていた5歳の女児が死亡した事件）もあって、児相はとにかくもう大変な状況になっていて、児相の一時保護所などは、子どもが入りきれなくて廊下で寝ているという状況もある。

また、警察も面前ＤＶの対応に追われている。面前ＤＶというのは、簡単に言うと子どもの面前での激しい夫婦喧嘩のことですが、たとえば父親が母親を殴っちゃう。それを子どもが面前で見ている。子どもに手を出していなくても、子どもの脳に与える影響は、子ども自身への暴力よりも深刻だという研究結果が出ているんですね。

児童虐待の通報件数も過去最高を更新し続けていて、２０１７年では13万を超えています。それも私たちのような一般市民が、近隣の異変に気づいてどんどん通報して、その件数になってるわけじゃないんです。一般市民はほとんど通報していません。どうして件数が増え続けているかというと、警察が面前ＤＶに対応したときに、児相に全部通報しなければいけないという義務があるんです。

通報を受けた児相は、今度は義務として48時間以内に家庭訪問をするなりして現認しなくてはなりません。そういうサイクルのなかで、あの13万件になっているんですね。というように、社会的養護もえらいことになっている。だから家庭と社会的養護をつなぐ、その間の地域での領域をもう少ししっかりさせていかないといけないという発想から、「地域的養護」ということを言っているんですね。

たとえば、今話題になっている里親については、虐待などで親元で暮らせない未就学児を里親の元で育てる割合を7年以内に75％に引き上げるという基本的計画があります。これは社会的養育ビジョンですね、ただ、研修をどんどんやって里親を育成しても、今のままの状態では里親が地域のなかで孤立してしまう。それは家族が地域のなかで孤立している状態と基本的に変わらないので、今度は里親家庭のなかで虐待が起きてくる可能性がある。

ですから、里親をただ増やせばいいということではなくて、子どもを取り巻く周辺環境を支えるという意味で、里親のまわりにプチ里親のような存在がいるといい。たとえば、そのプチ里親が里親が預かっている子どもをときどき見てくれる。そのまわりにはさらにプチプチ里親がいて。さらにそのまわりにプチプチプチ里親みたいな人がいる。そうやって里親をカバーしていかないと、新しい社会的養育ビジョンもうまくいかないと思うんですね。

そして、プチプチプチプチ里親までになると、それが子ども食堂をやっている人たちと重なるんですね。里親のもとに暮らす子どもが食堂に立ち寄って、夕方一緒に過ごす。これはいわばトワイライトステイです。その延長線上に「なにかあったら家で一泊していくか。一泊だけだったらなんとかしてあげるよ」という話になっていく。そうなると、これはもうプチプチ里親ですよね。それが2泊、3泊と延びていくと、その人はもうプチ里親になる。そしてその延長線上に里親がいる。

ですから、先ほどの〝子ども宅食〟でいえば、あえて子ども食堂などの地域活動を通したほうが、私は官民の相乗効果が高まると思っているんです。つまり、子ども食堂なり地域食堂の集積や展開のなかで、配食や出張調理に行きつくというかたちです。

保坂　「食」を通じて、子どもたちと地域でどのように持続的な関係をつくるかですね。地域や民間の活動団体と呼応しながら、黄信号から赤信号への対応を考えよということですね。

湯浅　もちろん配食だけでもプラスがあるので、よくないとはまったく思わないんですけど、支援策としてはちょっともったいない感じがするんですよね。

保坂　私が主宰している政策フォーラムの参加者のみなさんのなかにも、自分の家や古い空き家を仲間と一緒にリノベーションして、子ども食堂や地域食堂も含めて地域的なコミュニティ事業を志している人たちがずいぶん多いんです。あるいは今までの自分の仕事を見直して、ソーシャルビジネスや社会的事業を、そんなに高い収入ではなくてもいいからやっていければと考えている人はすごく多いです。

湯浅　多いですよね。それは本当に。

保坂　想像以上に多いと言ってもいいかもしれない。一般の企業や消費社会に埋没しないで、社会的事業として意義ある働き方をしたいと考えている人が。「世田谷でなにかをやりたいので引っ越してきました」という方と、この半年間に何人も出会っていますから（笑）。

湯浅　それは素晴らしいですね。

保坂　ただ、そういう志を持つ人たちは多いんですけど、この社会自体はやはりまだまだ企業中心の社会ですよね。多くの人は会社勤めを軸に日常を過ごしている。そして地域活動団体ということでいえば、それが町内会だったり、自治会だったり、あるいは業界団体であったり、どこも歴史ある団体であるけれども新しい住民の人たちとの結びつきはそう強くない。

アメリカのポートランドにある水平的な草の根の住民自治組織、「ネイバーフッド・アソシエーション」のように、みんなで討論を重ねて決めていく水平的な自治ではなくて、垂直的な縦の関係がまだまだ根強いですよね。私は地域活動団体のみなさんにお願いしている立場なわけで、地域のことをボランティアでいろいろやっていただくことは、たいへんにありがたく感謝しているんですが。

これからの時代、高齢の人がどんどん増えていき、地域で暮らしていくことを支えるという大きなテーマがあります。そのことを考えていくと、地域に水平的で自治的な関係を築いて、その相互扶助のなかで子どもの育ちや高齢者の方の介護などを支えていくという社会に切りかえていきたいと思うんですね。じつはそういう社会にしていかないと、地域福祉は、もうもたなくなると思います。

たとえば、介護認定調査で認知症の疑いがあるとされた方が、区内で2万2000人います。ものすごい数です。区内にはその方たちが一同に集まれる場所もないんですよ。さらにその方々を案じていたり介護している家族を合わせれば、少なく見積っても世田谷区内で10万人以上が日々悩んでいるという姿が見えてきます。在宅生活を家族でなんとか支えようとして、できないから社会的養護に向かうのですが、これも受け皿が足りない状態です。そういう意味で湯浅さんの言う「地域的養護」というのが本当に必要な時代だなと思います。

市民活動と行政サービスの架け橋となるツールをつくりたい

湯浅　今まで「倒れるまで家族で頑張れ」と言われて、本当に倒れちゃったら次は「施設がありますと」と言われる。だけど現実の家族はゼロか100ではなくてもうちょっとグラデーションがかかっているので、「まだ倒れてないから大丈夫です」と言い切れない家族や中間にいる家庭が多いんです。

先ほどの話で、子ども食堂とか従来型の自治会の外から生まれてきたNPOなどがひろがってきたことで、社会的な意義も少しずつ理解されるようになってきた。それで、自治会の人たちも「うちも少し考えた方がいいんじゃないか?」と思うようになって、以前よりは包摂的になっていたりもする。

「子ども食堂は自治会の子ども会みたいなものだ」と私は言ってきましたけど、それでもやっぱり中心になって運営している人たちは、自治会の平均的な人よりも、もうちょっと子どもの貧困問題とかにアンテナが強く立っている人が多いんですよね。そういう人たちから最近よく聞くのは、「気になる家庭とか気になる子がいる。たまに来てくれたりはするんだけど、いつも来てくれるわけではないし、心のなかでは気になってはいても、なかなかうまく声がかけられない」という声です。

だったら携帯やスマホのアプリをつくって、気になる人たちがいたら、その人たちにプッシュ通知出せるようにしたらいいと思うんですよ。これは高齢者のオレンジカフェとかでも使えるんじゃないかと思うんですけど、「今度やるから来てね」とか「またやるからね」とリマインド的（念押し確認）に情報を出していく。

先ほどの話にもあったように、ちょっと生きづらさを感じていたりする人にとっては、もうひと言声かけてもらえるというのは大事なんです。子ども食堂とかの運営者の人は、気になる人がいたら、その人になんとかアプリをダウンロードしてもらって、頻繁《ひんぱん》にアクセスする。あなたのことを気にしている人がいる。そういうメッセージを伝える。

ところが、プッシュ通知機能付きアプリをつくろうと思ったら、開発に1000万ぐらいかかるというんですよ（苦笑）。

保坂　じつは、世田谷区では「子育て応援アプリ」というのがあります。それで子育て世代を対象に区内5つの総合支所ごとに、子育て関係の情報やご案内をしています。自分の住んでいる所の近くの児童館でこんなイベントがありますといったお知らせをするんですね。身近な地域の幼稚園・保育園の施設情報や空き状況も簡単に調べられます。また、健康診断・予防接種は誕生日を入力してもらっているので、個別にタイミングよくお知らせが届きます。

子育てアプリだけじゃなく介護アプリもあるんですよ。「高齢・介護アプリ」と呼んでいます。福祉関係のシンポジウムで「介護は突然、なんの準備もないときに当事者になる人が多い。区のサービスも複雑なので、介護家族のためのアプリが欲しい」という声があったんです。いろんなアプリがあるんですが、「子育て」や「介護」の枠を超えて、そのエリアの人がわりと身近な人を呼び込めるようにはまだできていないんですね。

湯浅　地域別アプリというのはすごくいいかもしれないですね。

保坂　あるベンチャー企業から「ご町内の人しか登録できないコミュニティSNSをやりませんか？」というプレゼンを受けたことがあります。たとえば、「今日予定していたお客さんが来れなくなって、3人分の夕食が余っています。どなたか食べに来ませんか？」と、近所のコミュニティに呼びかけることができる仕組みですね。

湯浅　そうなんですか。お節介なおばちゃんが一生懸命電話かけて、声をかけて関係つくったりするじゃないですか。市民の人たちにもそういう気持ちと力はあると思うんだけども、行政に「個人情報を渡してよ」と言ってもなかなか渡せないと思うので、それができるようなサポートがあるといいんじゃないかなと思うんですね。

保坂　ちょうど市民活動と行政サービスの架け橋になるようなツールをしっかりつくるということですね。

制度の壁に穴を通していく社会的事業が必要

湯浅　ところで保坂さんは、長野県の阿部守一知事はご存じですか？

保坂　はい。よく存じあげています。

湯浅　長野県では「子どもの貧困対策推進計画」を策定して、児童養護施設や里親の子どもたちの進学支援を行なっています。私も意外でしたけど、長野県は人口当たりの大学数が日本で最低なんですね。それなので、そうした子どもたちに対して県内大学への進学だけじゃなくて、県外への進学も支援しています。しかも徐々に対象をひろげて数も増やしているのですが、その予算は自然エネルギーで発電した金額の〝上がり〟を使っているそうです。

阿部知事は、「長野というと教育県と言われていますが、県内ではもはや長野は教育県ではないと言われていて、自分としては〝学習県〟ということを打ち出したい」と言っていましたね。

保坂　阿部知事とは自然エネルギーの活用でつながっています。自然エネルギーに関して言うと、以前からよく知っている田中信一郎さんが長野県でエネルギー担当をしていたことと、経済産業省から長野県に派遣された課長が頑張って、国や業界係者と交渉を重ねてくれて、2017年から長野県の県営水力発電所の電気を世田谷区内42の保育園と3つの児童館でそのまま買い取っているんですね。その結果、世田谷区ではそれまで毎年6000万円の電気料を東電に払っていたのが5500万円になり、長野県も中部電力に売っていた額よりも相当に高く買い取ってもらえることになったと聞いています。長野県とはそういうつながりもあります。長野県の電気を子どもたちが使うことで、自然豊かな環境に世田谷区の子どもたちを迎え入れたいという思いもあるんですね。

世田谷区と自治体同士の交流会もたいへん盛んです。世田谷区の交流自治体が40ほどあって、年に1回みんなで集まって「自治体間連携フォーラム」という交流会議を開催しています。エネルギーについては長野県とのやりとりがメディアで大きく取り上げられて、かなり活発になってきたので、このテーマを切り分けて自然エネルギーだけで16自治体との交流会も行なっています。これらを全部ごちゃ混ぜすれば、いろんなニーズが出てくるのではないかと思っています。

たとえば、「やることが見つからない」という若者がいれば、「働き手がほしい」という自治体に働きに行ってもらってもいい。「待機児童なんて聞いたことがない」という地域のなかには、「村営住宅に月2万円で入れます」なんていう自治体もあるので、ある期間、子育て家庭に住んでもらうというのもありかなと思います。

世田谷区の現場で渦巻いているさまざまな課題を可視化していけば、こうした地域の社会資源を活かしてビジネスを始めてみようと考える人も出てくるんじゃないかと思うんです。

湯浅　そのごちゃ混ぜのなかから、可能性を引き出すコーディネーターが重要になってくるんじゃないですかね。そのコーディネーターとはどういうイメージなんですか？

保坂　区の持つ政策チャンネルを的確につかんでマッチングと応用ができる人ですね。今のところ区を取り巻く大小さまざまな活動のチャンネルを細かく全部把握しているというのは、私ということになってしまいます（苦笑）。なるべく現場に足を運び、話を聞くようにしてきたので情報はたまっています。

副区長の二人は区政を2方面に分けて担当していますし、教育は教育長、各部長はそれぞれの受け持ちがある。私自身もあまねく情報公開し、なるべく可視化していくことが必要だと思って、発信の工夫はしているのですが……。区の行なっていることを情報公開するだけじゃなくて、今の社会のトレンドと結びつけて意味づけしてこそ情報の価値が生きていく。

たとえば今、企業が「RE100」、つまり再生可能エネルギー利用率100％を目指すと宣言したとたんに、その企業の株価が上がるという現象が起きています。そういう意味で再エネに対する関心は高まってはいるのですが、それと同時に、脱原発のリアリティも自治体から発していくことが重要だと思います。再エネを土台からしっかり支えようと、世田谷区でも2019年から本庁舎で使用する電力を「RE100」にしていきます。社会の転換を具体的に加速していきます。

湯浅　福祉とか地域づくりの関係でも、そうしたことがやれたらいいですよね。子ども食堂も、新潟県とか宮崎市とか、この前は埼玉県でもコーディネーター人件費というのをつけて、コーディネーターを次第に増やしていっているところです。子ども食堂をつくるコーディネイトをするだけでなく、すでに始めている人たちの相談にのったり、あるいはネットワークをつくる仕事です。それらを任務として動いている人たちをつくってきましたけど、ただこの制度で、複数の人材が暮らしていけるくらいの状態になっているかというと、ちょっとそこまではいってない……。

保坂　ですから、社会的なニーズに対して事業を起こしても、制度外でやろうとすると運営していくのはなかなか難しいですよね。行政の仕事には、硬い岩盤のような区分けがありますよね。たとえば小学校に通っている子どもが、同じ敷地内にある学童保育に行くと、そこは教育委員会ではなく区の児童課が運営していて、しかもその施設は学校から借りているという……。

そういう制度のすき間で苦労されている保護者もいて、子どもが保育園に通っていたときは朝7時台から預けられたのに、小学校に上がると8時すぎからになるので、その1時間の隙間を埋めるために出勤時間を遅らせないといけない。また夜は6時15分までなので、都心で働いていたらとてもその時間までに家に帰れない。そういう嘆きの声も届いています。

こうした親のニーズに応えるかたちで、民間学童の企業が決して安くない月謝をとって、学校に迎えに行って家に送り届けるというサービスがかなりひろまっている。裏を返せば子どもを見守って、安心していられる場所があればそれだけ大きなお金は払わなくていいので、そうした制度の壁に穴を通していくという社会的事業はありえるんですね。

湯浅 そういう社会的コストを下げることで、財政的にもプラスの影響をもたらしている地域もあります。山口市が2017年に算出したんですけど、地域交流が盛んな所は介護総費用が下がるのは当たり前に言われてますけど、それを一人当たりに換算したら、おばあちゃん一人が月に8万円稼いでいることがわかった。

それで結構、「地域交流が社会コストを下げる」ことをビジネスにしている所も出始めていて、それで結局稼いでいることにみんなが納得できるようになればいいわけですよね。

そこで「売り上げが立つか、立たないか」という点だけで見るのではなく、休眠預金などの社会的インパクト評価にもからんでいくのですが、そういう活動を地域で伸ばしていって「社会的包摂をどう言ったらいいいんだ？」」なんて悩まない時代になってほしいですね。

貧困・格差対策をしっかり打ち出していきたい

保坂　区内でシングルマザーのシェアハウスをやっている若い女性がいます。彼女は不動産業界で働いてきたんですが、部屋探しの際にシングルマザーの方たちは収入が高くても、オーナーに断られ続けてしまう。

湯浅　外国人だったらダメというのと同じですね。

保坂　そう、一緒です。そこで彼女が考えたのは、いわゆる貧困層ではなく部屋と食事つきで月額12万円前後を払える層をターゲットにして、まず保育資格のある70歳の方を「おばあちゃん役」として獲得したんです。それで「私たち2人が一緒に住んで部屋をお貸しします」というシェアハウスを始めたんですね。これがかなり注目されていて、今までにない新しいライフスタイルを提供することになっています。

リビングにお母さんや子どもたちが集まってご飯を食べ、お母さんたちがほかの子どもにも声をかけ、子ども同士は友だちになる。そういう形態で、なんの制度にも依存しないで、補助金もなく始めたんですね。こんな新たな試みを知って、「自分たちもなにかやろう！」とわざわざ世田谷に引っ越してくる人もいます（笑）。

湯浅　それがもう少し低所得者層にリーチしていけばいいですね。

保坂　そうですね。区としては家賃4万円引きのセーフティネット住宅をひろめていきたいんですけど、たとえば全部で5部屋あって、そこに先ほどお話したシェアハウスのようにリビングがあって、そこに管理人がいる。ですから、住宅政策では住宅セーフティネットで、福祉政策の方では生活支援になる。つまり両方の政策の入ったスペースを制度設計したいんですね。

湯浅　理念的には住宅セーフティネット法はそこを目指をしているんですが、十分ではないですよね。

保坂　「アベノミクス」のトリクルダウン（富裕者がさらに富めば貧困者にも富が浸透するという考え方）を信じている人は誰もいない状況なので、世田谷区としても貧困・格差政策をしっかり打ち出していきたいですね。
同時に社会的事業を通して、多くの人が共感できる仕事が始められるようにバックアップもしていきたいと思っています。

第5章

世田谷改革の政治的な意味

南　彰

南　彰（みなみ　あきら）

１９７９年生まれ。朝日新聞の政治部記者として、「参院のドン」と呼ばれた青木幹雄氏の地元・出雲の政治風土に迫る連載『探訪保守』を担当。世田谷の保坂区政の取り組みも全国版の政治面で取り上げた。２０１８年秋より新聞労連に出向し、中央執行委員長を務める。共著に『ルポ　橋下徹』（朝日新聞新書）、『安倍政治　１００のファクトチェック』（集英社新書）など。

新たな担い手が結集したワークショップ

安倍晋三氏、福田康夫氏、麻生太郎氏と1年ごとに首相が替わる自民党に対し、民主党が「政権交代」のマニフェストを掲げて挑んだ2009年8月の衆院選。全国300ある小選挙区で民主党の公認や推薦をもらいながら、落選したのはわずか22人だった。そのうち、2005年の郵政選挙で当選した前職にもかかわらず議席を得られなかったのは、保坂展人氏と亀井久興氏しかいない。

八ツ場ダム建設のような「無駄」を政治主導でやめて、16・8兆円の財源を捻出し、子ども手当や高校教育無償化、農家への戸別所得補償、高速道路無料化などにあてていく――。そんなバラ色のマニフェストに依拠した「政権交代」の熱狂に取り残された保坂氏が、国政から東京・世田谷区長に転じたのは2011年4月。東日本大震災と東京電力福島第一原発事故という未曽有の危機への対応に苦しみ、党内抗争を繰り返す民主党政権に対する国民の不信が強まった時期だった。保坂区政の2期8年は、「もう民主党には任せたくない」という空気が蔓延《まんえん》し、安倍氏が率いる自民党が消極的な選択肢として、国政選挙で熱気なき連勝を続けた時代と重なっている。

片方は「この道しかない」「対案は？」と押し込め、もう片方は、負けが込んだ憂鬱《ゆううつ》さを漂わせつつ相手の欠点を訴えるしかない。そんな国会を取材で駆け回っていて、「なんて貧しい政治の議論なんだろうか」と思っていた私が、「ちょっと見に来てみない？」と保坂氏に声をかけられたのは、2017年のことだった。

森友・加計学園問題が連日議論された通常国会が終わって間もない、17年7月の土曜日。世田谷・三軒茶屋で開かれたワークショップに足を運ぶとびっくりした。参加者は大学生や女性の社会起業家など20～40代前半が中心。会場内にはキッズスペースが設けられ、子ども連れの姿も目立つ。

「世田谷をみんなでD・I・Y（手作り）しよう！」と題したワークショップ（通称「DIY道場」）のこの日のテーマは、空き家活用のプロジェクトだった。

伝統的な家族制度が崩れ、生活に困窮したり、周囲とのコミュニケーションから閉ざされた人が増えるなか、あふれる空き家を「地域の資源」として着目し、新たな地域コミュニティをつくろうという試みである。大学教授や霞が関の中央省庁で働く官僚から国の「住宅セーフティネット法」について説明を受けた後、参加者は5、6人のグループに分かれて、どのように自分たちの地域で具体的なプロジェクトを進めていくかについて議論する。DIY道場を主宰する保坂氏は各グループをまわりながら、「着想・気づき」を「企画・立案」、「制度設計」へと押し上げていく議論に参加していた。

若手の一人が、グループディスカッション後の発表でこう発言した。

「別に保坂さんの熱心な支持者というわけではなかったのですが、みんな手弁当でまちづくりに取り組んでいる感じがいいなと思っている。そういう人たちで街を面白くしていきたい」

発言した建築家の成見敏晃さんを触発したのは、「観客からプレーヤーへ」というDIY道場の合言葉だったという。

「これまで政治や行政は、何か困ったことがあれば、陳情書を書いてだれかに頼まないといけないと思っていたのですが、『観客からプレーヤーへ』のキャッチコピーを見て、『自分の欲しい暮らしを自分でつくれるかもしれない』と思ったんです」

成見さんは共働きで子育て中だが、それぞれ関西と九州出身で、なにかあったときに近くに頼れる親戚がいない。お互い仕事に追われるなか、交代で子どもと二人きりのご飯になる状況が続いていた。祖父母と一緒に暮らし、ご近所さんとは顔見知りで、気軽に声をかけ合うようなゆるやかなつながりがあった自分たちの子どもの頃のように、地域の人たちとのつながりのなかで子どもが育っていける環境があれば、もっと子育ても楽しくなるし、住んでいる街もさらに好きになるのではないだろうか——。

熱気あふれるDIY道場の様子

そうした自らが抱える課題と社会の課題の解決を目指した空き家プロジェクト「ふかさわの台所」を立ち上げた。区の空き家活用モデル事業による助成やＤＩＹ道場でつながったメンバーの協力を得て、２０１８年４月にオープン。いまや保坂区政が進める住民参加型のまちづくりを象徴する人材になっている。

従来型の組織に頼らない民主主義の道場

保坂氏は社民党にいた国会議員時代を振り返りながら、リベラル側の政治勢力の課題をこう指摘する。

「大企業や官公庁に勤める組合員らをアフター５に動員し、『ＮＯ』と抗議の声を上げる政治スタイルに頼っていては先細りする」

教育ジャーナリストだった保坂氏は、１９８０年代の西ドイツで多くの若者たちが空き家のビルを拠点に、ペンキ塗りや絨毯《じゅうたん》交換などの内装作業、自転車修理から、有機野菜などの販売、ＢＡＲまでを運営する姿を見てきた。こうした場所には中学生や高校生たちが出入りして、映画や音楽、演劇などの文化にふれながら政治的な問題意識を高め、ドイツ社会民主党や緑の党などの担い手へと育っていった。

１９９６年に故・土井たか子氏の要請を受けて、社民党の国会議員となり、党の市民局長に就任した保坂氏は、この「空き家占拠運動」を念頭に、地域のなかにコミュニティパブをつくり、自然食品や雑貨を扱いながら、飲食もできるスペースを設け、党組織の拠点とする問題提起をした。

しかし、「市民との絆」という言葉を掲げる社民党においても、党の指導的幹部が一段高いところから方針を下部に降ろしていくというタテ社会の組織感覚が染みつき、保坂氏の提案は相手にされなかった。結局、日本のリベラル系の政治活動は、新しい層を取り込むことができず、大企業や官公庁という社会の歯車に乗りながら、労働組合活動の一環として、アフター5に「反対」「ＮＯ」と異議申し立てをする抗議主体の運動が続いてしまった、と保坂氏はみているのだ。

そうした苦い経験を持つ保坂氏が心がけているのが、組織に頼らないＳＮＳや無作為抽出による熟議の場づくりだ。

たとえば、待機児童問題。保坂氏は2012年、「子どもの声は騒音か」とツイッターで問題提起した。

きっかけは、「保育園の子どもたちの声がうるさいと近所から苦情が来て、園児たちは午前中しか園庭に出してもらえないが、おかしいのではないか?」という区民から寄せられたメールだった。保坂氏のツイートは反響を呼び、「実際に集まって話してみよう」とフォロワー集会を呼びかけたところ、子育て世代で悩んでいる親を中心に約50人が集まってきた。

SNSを通して初めて顔を合わせたメンバーだったが、多面的な議論が展開され、「子どもの声」を騒音の規制対象から外すという東京都環境確保条例の改正にもつながっていった。保坂氏は「集合知の形成のようだった」と振り返る。

また、区の長期ビジョンである「基本構想」を策定する際は、これまで政治から遠かった人も巻き込もうと、有権者名簿から無作為抽出した1200人に招待状を送り、区の将来について話し合うワークショップに参加してもらうよう募った。

午前10時から午後5時まで7時間の長丁場のワークショップで、保坂氏自身も「いったいどれくらいの人が集まるんだろう？」と思っていたが、約1割の88人が応じた。参加者のなかには保坂氏の支持者も、そうではない人もいたが、テーマごとにテーブルを囲むメンバーを入れ替えながら、全員ができるだけ多くの意見にふれていくという「ワールドカフェ」という手法を使って話し合った結果、自立型、提案型の意見が次々と出て、長期ビジョンにも反映されていった。

世田谷区基本構想審議会で座長代理を務めた宮台真司・首都大学東京教授（社会学）は、日本における政治の議論の現状に危機感を持っていた。

「日本では政治に対して、『そんなところで参加して物を言うだけ無駄でしょ』と冷笑的、虚無的な感覚になっている。とくに多くの国民はイデオロギー論争になると身を引く。発言者の所属集団や特有の文脈が反映され、『自分たちとは関係のない遠い人たちがやっていること』と感じるからだ。僕たちはすでに民主制の堕落を見ている」

その結果、なにが起きるのか？ 宮台氏は「他人の喜びや苦しみを自分のことと感じられる『同感可能性』を失ってしまうと、社会は多数者の専制になってしまう。多数者になりたい人間は自分の損得勘定だけを頭に置くので、愛や正しさをないがしろにした扇動や動員を行なったり、多数者による少数者への抑圧が生じたりすることがありうる」と指摘したうえで、保坂区政を次のように評価している。

「無作為抽出によるワークショップなどで既存の政治コネクションがない人を取り込む意味は大きい。熟議を通じて、仲間意識も醸成され、参加することに意味があると思える政治風土をつくっていく。保坂区政は、同感可能性を現実化するためのさまざまな工夫を行ない、民主主義の基本を導入した日本では珍しい体制だ」

主にSNSを通じて呼びかけたDIY道場やフォロワー集会、無作為抽出によるワールドカフェは、民主主義の道場にもなっているのだろう。宮台氏は世田谷の将来を、環境汚染に苦しんでいた街が住民主導で全米一暮らしやすい街へと生まれ変わったアメリカのポートランドに重ね合わせている。

従来型の組織に頼らない熟議による合意形成は、民主党政権でも挑戦したことがある。

その代表的な例は、2012年に野田政権が3・11後初めてのエネルギー基本計画をまとめるにあたって行なった「国民的議論」だ。2030年の電力に占める原発割合について「0%」「15%」「20〜25%」の3つの選択肢を設け、討論型世論調査や全国11カ所での意見聴取会、インターネットやファクスで意見を募るパブリックコメントを実施した。

とくに討論型世論調査では、参加者は熟議を経ることによって、「0%」を求める割合が高まり、約半数を占めた。意見聴取会でも約7割、パブリックコメントでは約9割が「0%」を支持した。

しかし、原発再稼働を推進していた野田政権は、調査結果が独り歩きするのをおそれて、専門家を集めた検証会合を設置する。

「意見聴取会は強い関心と意見を持つ人が来て、国民の縮図とは異なる」

「世論調査は人びとの感情の分布。重要なデータだが、それだけで物事が決まるならば、政治は不要になる」

こうした検証会合の意見を踏まえ、「少なくとも過半の国民は原発に依存しない社会の実現を望んでいる一方で、その実現に向けたスピード感に関しては意見が分かれている」とする見解をまとめた。民主党政権は「2030年代に原発稼働ゼロ」の方針も打ち出したが、国民的議論の結果を素直に受け止めなかった代償は大きかった。

「NO」頼みやめ、前向き議論を

元社民の世田谷区長「抗議するだけでは先細り」

臨時国会冒頭での解散をにらみ、共闘、再編をめぐる野党側の動きが急だ。政権の「受け皿」には何が必要なのか。2009年に旧民主党と一緒に政権交代を目指した野党系の元国会議員が区長をつとめる東京都世田谷区でヒントを探った。

政策フォーラム「せたがやD・I・Y道場」の参加者ら。保坂展人・東京都世田谷区長（左から2人目）も加わった＝16日、同区の梅丘パークホール

世田谷区のホールで16日、政策勉強会があった。参加型の街づくりをめざしてワークショップを開く「せたがやD.I.Y(Do It Yourself)道場」だ。

急増する空き家を活用した地域コミュニティーづくりを中心テーマにすえ、SNSで参加を呼びかけた。集まったのは、学生や会社員、介護支援専門員、NPO法人理事長ら約50人。中心は20代～40代前半だ。

多くは政治と縁がなかった人たちで、建築士の成見敏晃さん(40)もその一人だ。「何か困ったことがあれば、陳情書を書いてだれかに頼まないといけないと思っていたが、『観客からプレーヤーへ』のキャッチコピーを見て、『これだ!』と思ったんです」

勉強会は霞が関で活躍する学者や中央官僚らを毎回招く。合言葉は「『不満』『批判』『批評』ではなく、時間と手間をかけても『現状を変える』」。昨年秋に定員30人で始め、いまでは150人を集める日もある。区の事業とのタイアップも目指す。

この勉強会の中心にいるのが、世田谷の保坂展人区長(61)だ。

元社民党衆院議員。東日本大震災の翌月の2011年4月に区長に転身した。「脱原発」を掲げて当選し、新電力への切り替えや太陽光発電の普及などの政策を進める。

「ダメなものはダメ」の土井たか子・元社民党党首に育てられた。大型公共事業の中止を求めたり、表現規制の法改正の動きに反対したりして、「NO」を訴える野党の先頭に立った。

「NO」は大切だ。でも、「NO」では人を動かせなかった、と保坂氏は衆院議員時代を振り返る。

「批判する政治家を評価してくれる人もいる。でも、『NO』には、あら探しばかりで少しも実行しないというイメージが強い」

再選を期した15年4月の区長選では「もっとよくしよう」という肯定的な思いを込めた「せたがやYES!」をキャッチフレーズに掲げた。投票者の約7割の支持を得て、自民、公明両党などが推す候補を退けた。

旧来の枠組み超える

89万人。区として日本最大の人口を擁する世田谷の課題は山積だ。とりわけ全国ワーストの待機児童問題を抱え、自民、公明両党を中心に「世田谷問題だ」と常に厳しい批判にさらされている。

一方、ブログや討論イベントで、安倍政権が進めた安全保障関連法や「共謀罪」法など、支持者の間でも賛否を分かつ課題に対して「NO」を訴える。それでも、くらしの具体的な課題を前向きに考える場をつくることで、地縁団体である町内会や商店会の役員から若者まで、少数政党出身の保坂氏の周りに旧来の支持者を超えた人が集まってきている。

区の長期ビジョン策定の際は、有権者名簿から無作為抽出した千人を招待。これまで政治から遠かった人も巻き込もうとの「試み」に88人が応じ、7時間のワークショップに参加した。建設的な提案が次々に飛び出した。ツイッターで問題提起するフォロワー集会も重ね、その議論が条例改正につながった例もある。

地方政治は党派色が弱い点で国政と違う。だが、国会で00年に児童虐待防止法を一緒に制定した公明党の冨田茂之幹事長代理(63)は「政治とはネットワークをどのようにつくっていくかだ。公明党は地方議員と党員がいるが、民進党はそれがなくて現場感のある提案をできていない。保坂さんは区政を支えるネットワークをうまくつくった」とみる。

保坂氏には苦い思い出がある。いまでこそ子育てママや高齢者の支援を目的に地域で広がる「コミュニティーカフェ」だが、それを党組織の拠点とする改革案を約20年前に出した時は、党から相手にされなかった。

「大企業や官公庁に勤める組合員らをアフター5に動員し、『NO』と抗議の声を上げる政治スタイルに頼っては先細りする」。旧来の枠組みを超えた広がりに、野党が「YES」という建設的な価値を届けられるかが問われているという。

（南彰）

◇

保坂氏への取材を昨年、単行本にまとめた総合誌「SIGHT」編集長で、音楽評論家の渋谷陽一さんのインタビューを後日掲載します。

2017年9月20日付朝日新聞記事より

自民党が政権復帰した2013年2月の参院本会議。「原発稼働ゼロの方針の否定は国民的議論の否定であり、認められません」と野党議員に問われた安倍晋三総理はこう答弁した。

「前政権が実施したいわゆる国民的議論については、大きな方向性として、少なくとも過半の国民は原発に依存しない社会の実現を望んでいる一方で、その実現に向けたスピード感に関しては意見が分かれていると分析されています。いずれにしても、原子力を含むエネルギー政策については、まず、いかなる事態においても国民生活や経済活動に支障がないよう、エネルギー需給の安定に万全を期すことが大前提だ」

国民的議論を骨抜きにした野田政権の見解は、原発維持のお墨付きになったのである。

「NO」より「YES」のメッセージ

さて、保坂氏が市民の政治参加を進めるうえで心がけているもう一つが、「NOよりYES」のメッセージだ。

保坂氏は「ダメなものはダメ」のキャッチフレーズで知られる土井たか子氏に育てられた。「国会の質問王」として知られた国会議員時代は、大型公共事業の中止を求めたり、表現規制の法改正の動きに反対したりして、「NO」を訴える野党の先頭に立った一人でもあるが、「NO」だけでは人を動かせなかった、と振り返る。

「批判する政治家を評価してくれる人もいる。でも、『NO』には、あら探しばかりで少しも実行しないというイメージが強い」

チリで軍事独裁を敷いたピノチェト政権への信任を問う国民投票を題材にした『NO』という映画がある。反政権派は当初、虐殺や思想統制といった悪政の悲惨さだけを訴えようとしたが、主人公の若き広告マンが「これでは人は動きません」とひっくり返した。歌や踊り、笑いを交えて独裁後の未来を描いた明るい運動へと変わり、そのことが諦めから投票に行かなかった人々を動かし、独裁政権を倒す様子を描いた作品だ。

その映画をなぞるように、保坂氏は再選を期した2015年4月の区長選で、従来の支持者が求めた「安倍NO」のメッセージを禁句にした。

「私たちの住んでいる世田谷区をもっとよくしよう」

「競争と不信が渦巻く中、地域にホッとできるコミュニティがあることで人生はもっと豊かになる」

そうした肯定的な思いを込めた「せたがやYES!」をキャッチフレーズに掲げると、子どもを連れた世代などの応援が集まり、得票率67%を獲得。自民、公明両党などが推薦し、政権が全面支援した候補を10万票の大差で退けた。

総合誌『SIGHT』編集長で、音楽評論家の渋谷陽一氏は「せたがやYES!」のキャッチフレーズの可能性に注目している。

「LOVE（愛）、PEACE（平和）&FREE（自由）。ロック音楽が体現するような価値観は政治の世界でも有効で、欧米にはオバマ・前米大統領のような理想主義を持った政治家がいるが、日本にはロックな政治家がいない。『こんなことを言っていないで、現実の政治は…』と言われるが、政治こそが一番理想主義的でなければならない。有権者が今、求めているのは『安倍政治が嫌だ』という話ではない。新しい政治的なビジョンに投票したいマグマが渦巻いているのに、その受け皿がない状況だ」

渋谷氏は「『安倍1強』と言われているが、国政選挙の投票率は50%程度で自民党への投票はその半分以下だ。つまり全有権者の25％も支持していない」と指摘。「安倍政権が力を入れる原発再稼働や安全保障関連法、共謀罪法にも『NO』が多いにもかかわらず、野党が有権者の共感を得られない大きな原因は、野党のメンバーが『YES』の理想を語る勇気を持っていないからだ」と見ている。

「理想主義というと、環境を守るために道路を全部止めてしまうとか、『現実から乖離した政策を左翼系の人はやりかねない』という不安感が日本にはあるが、保坂区長の理想主義は理屈にかなったことをやっていく理想主義。たとえば、脱原発も原発をやめることを自己目的化しているのではなくて、原発がなくまっとうな電力供給が実現できる社会とは何かを問い直し、太陽光発電はリーゾナブルで現実的にしっかりできることを示しながら進めている」

渋谷氏は「国政にいたときは『安倍NO』と掲げるような古い政治的な言語に束縛されて窮屈そうだった」とかつての保坂氏を振り返り、こんな期待を寄せている。

「世田谷区長になって『せたがやYES！』と肯定的なメッセージを打ち出し、可能性が花開いた。理想主義的な志を持った政治家たちが保坂さんの成功例を見て、『これは有効なんだ』と気づいていろいろなことを始めていけば、僕は一気に日本の政治は変わっていくと思う。非常に優れたケーススタディーだ」

八ッ場失敗に学んだ「5%改革」

地方政治は党派色が弱い点で国政と違う面もある。それでも、国会で2000年に保坂氏と一緒に超党派で児童虐待防止法を制定した公明党の富田茂之衆院議員は、2017年9月の取材にこう語っていた。

「政治とはネットワークをどのようにつくっていくかだ。公明党は地方議員と党員がいるが、民進党はそれがなくて現場感のある提案をできていない。保坂さんは区政を支えるネットワークをうまくつくった」

新たなネットワークを築きつつある保坂氏は、区政運営上も民主党政権を教訓に進めている。

その最たるものが、八ッ場ダム中止の失敗だ。地元の調整もせず、前原誠司・国土交通相（当時）が「マニフェストに書いてありますから中止します」と初登庁の場で表明したが、結局頓挫《とんざ》した。

保坂氏も区長就任当初、同じような課題を抱えていた。細い路地の両側に小劇場やライブハウス、古着などの店が軒を連ね、若者文化の発信地としてにぎわってきた下北沢の街並みを大きく変える都道整備事業への対応だ。

災害対策などを理由に事業を進める行政や地縁団体と、反対派が激しく対立して、住民訴訟にまで発展。国会議員時代に公共事業チェック議連の事務局長だった保坂氏は区長選で「見直し」を公約に掲げていたが、区議会で自民、公明両党に過半数を握られており、対応次第では区政運営全体が行き詰まる恐れもあった。保坂氏は初登庁でこう職員に呼びかけた。

「行政は継続です。これまでの仕事の95％は継承して、5％は大胆に変える」

すでに用地買収に着手していた1期目区間の道路建設の予算は認める一方で、対立の少ない小田急線の線路跡地利用の見直しを突破口に、賛成、反対両派が一堂に会するワークショップを始めた。区長選を支えたメンバーの一部からは「大型開発区政からの転換を訴えて、保坂区政は誕生した。予算案は選挙公約からいって論外だ！」と激しい非難を議会で浴びせられたが、ワークショップで賛成、反対の双方が一緒に街の将来を考えるなかで、信頼関係も芽生えてきた。

区長室を包囲するほどの激しい抗議運動を展開し、「強硬な反対派」で鳴らした歯科医師の下平憲治さんは、かつて対立していた商店会に理事として参画。人脈と企画力を生かして、既存の地縁団体も巻き込みながら、街を活性化するイベントを次々と展開していくようになった。

4年かけて、1期目を除く道路計画を都の優先整備対象から外してもらったことをきっかけに訴訟は取り下げになり、街を二分した対立は氷解した。計画を見直した線路跡地には、歩行者優先の「緑の回廊」ができる予定だ。市民運動のメンバーが中心になり、「公害都市」から「全米で最も住みたい環境都市」へと再生させた米・ポートランドをモデルにした修復的まちづくりが進もうとしている。

自社さ政権の政治的な遺産

「5％から新しい空気が旧システムのよどみを洗うように循環していく」

こうした保坂氏の漸進的改革の相場観をつくったのが、1994〜1998年まで続いた自民党、社会党（のちに社民党）、新党さきがけの3党連立政権（通称、自社さ政権）だ。

選挙を経ずに、1955年体制のライバルだった自民党と社会党が連立を組んだことや、村山富市総理（当時）が突如、自衛隊合憲へと転換したことなどが尾を引き、自社さ政権の評価は総じて低い。しかし、この連立政権においては、圧倒的多数の自民党だけで物事が決まらないよう、「自民党3人・社会党2人・さきがけ1人」の割合で決定する仕組みを取り入れ、情報公開法やNPO法なども制定。自民党の理解も得ながら、21世紀の市民社会を支える制度がつくられていった。

そうした政治環境のもとで、保坂氏は当選1回の国会議員ながら、自民党のベテラン議員らと議論してきた。連立解消後もそうした政治姿勢は生かされる。リーマン・ショック後、

「派遣切り」された人が住む家まで失ってしまう問題への対応で、国が売却・譲渡の方向で進めていた雇用促進住宅の活用を提言。自民党の麻生政権はその緊急セーフティネット対策をすぐさま採り入れた。

保坂氏は「DIY道場」の参加者にもこう呼びかけている。

「政策を取られると言うからけちくさい。野党はどんどん自民党に政策を取られればいい。自民党が取り尽くしてもやっていけなくなったときに初めて政権交代するんだから」

こうした漸進的な政治スタイルは、地域政党「大阪維新の会」を立ち上げ、「大阪都構想」という行政機構改革を推進した橋下徹・元大阪市長と対照的だ。

橋下氏は大阪を中心に、既存の業界・地縁団体などと一線を画し、新しい住民自治を目指す機運をつくり、若手を動かした指導者ではあった。しかし、「民主主義は多数決」と言い切り、選挙での権力掌握に重きを置く政治スタイルだった。

2015年5月の大阪都構想の住民投票の際、保坂氏は、都構想のような大がかりな「統治機構改革の幻想」に惑わされず、ボトムアップで住民自治を強化していく必要性を説いた。橋下改革の対抗軸として、大阪の集会に保坂氏を招いたのは、自社さ政権を共にした自民党の元衆院議員だった。

世田谷にまかれた種は新たな選択肢の可能性

２００９年の総選挙で３０８議席も獲得した民主党は自らの力を過信し、連立与党や官僚を軽視して、仲間割れを繰り返したあげく、政権の座から滑り落ちた。とくに政権末期に、選挙公約をないがしろにした消費税増税や、３・11後の国民の願いを無視した原発再稼働などを進めた後遺症は深い。２０１７年衆院選の民進党分裂劇で生まれた立憲民主党が「草の根政治」を掲げて一定の支持を集めているが、「安倍政権ＮＯ」のイデオロギーにからめとられる場面も目立つ。地に足が着いた社会変革のプロジェクトを実践できている状況とはまだ言いがたい。

他方、政権交代に熱狂した永田町から保坂氏が離れていたことは天の配剤だった。日本最大の人口の区である世田谷区のトップに就任し、政治的なシーズ（種）がまかれ、人材やネットワークが育ちつつある。そこでは、2008〜09年の「年越し派遣村」で可視化された格差社会や社会的孤立、伝統的家族の崩壊、そして2011年の3・11で突きつけられた日本社会の課題への解決策が、地域からのボトムアップで議論されている。

音楽の世界でいえば、保坂区政はまだまだ「インディーズ・シーン」かもしれない。しかし、「旧い政治」への回帰でもなく、実現するかどうかわからない「バラ色の絵図」でもない、住民自身が描く「希望の地図」が、世田谷から森のように全国へとひろがっていくのか。世田谷モデルは、日本政治・社会の新たな選択肢となる可能性を秘めている。

あとがき

子どもの頃、大人たちはどうして「現実」に跪《ひざまず》き、「理想」の旗をたたんでしまうのかが不思議でした。1968年（昭和43年）に小学校を卒業した私は、卒業記念の交換ノートに「総理大臣となって日本を正したい」と書き記していたぐらいでしたから、政治や社会にはひときわ敏感な少年だったと思います。世界中でスチューデントパワーが街を席巻し、学生運動が激しくなっていった東京の街で中学校に進学した私は、当時ベストセラーとなった歴史学者の羽仁五郎氏の『都市の論理』を読み、歴史の分水嶺に立って、時代をつくるような大人になりたいと夢想したものでした。

「今ある社会に満足する」か、それとも「すべてを否定して新しい社会をつくる」のか……今から思えば、中学生の頃、まだまだ未熟で幼い視点しか持てずに、「二者択一」でしか問題を立てることができませんでした。1970年代に入ると、学生運動の高揚も嘘のように退潮し、『いちご白書をもう一度』で歌われているようなミーイズムの気分が蔓延しました。実際に「すべてを否定する」ことは、現実には不可能で観念のお遊びにすぎず、団塊の世代を中心とした当時の若者たちは、「新しい社会をつくる」ことを見いだせなくなっていったのです。

学生運動に遅れてきた世代だった私は、観念の葛藤《かっとう》に足元を縛られて模索の時期が続き、「すべてを否定する」ことにこだわる時期がその後もしばらく続きました。私自身に大きな変化が起きたのは、70年代後半の20代に入った頃でした。沖縄の文化運動に参加し、「あるものを使い、いいものを活かし、否定ではなく共感の輪をひろげていこう」と大きく発想を転換したのです。孤立無縁の漆黒《しっこく》の闇のなかから飛び出し、おだやかな光の下で多くの人びとと共通言語を持ち、文化表現空間を共有することで、ポジティブな時代感覚を身につけることができたのです。

20代半ばとなって私は、少年少女が読者である芸能誌『明星』や、女子中高校生が愛読する『セブンティーン』でルポルタージュを書き始めました。「事実」に立脚し、少年少女の立場から見えてくる「学校事件」などを描き続け、単行本は10万部単位で読まれるベストセラーとなりました。そのかたわら、ロックを中心とした音楽イベントを手がけ、日比谷野外音楽堂などで規模の大きな自主コンサートの責任者となり、会場を満杯にしました。

20代から30代にかけての私の活動の原点は、「否定（NO）」ではなく「共感（YES）」でした。楽しくなければコンサートに人が集まらず、いい音楽と主催者のポリシーを示すことで、共感の輪がひろがっていく実感がありました。

1996年、40歳で衆議院議員となり、「自民・社民・さきがけ連立政権」での与党議員（当時は社民党に所属）として政治活動をスタートさせました。その連立政権の経験から、「児童虐待防止法」を議員立法で成立させました。その後野党に転じて、国会審議などでの私の政治姿勢は「NOの急先鋒」のように見えていたかもしれませんが、じつは同じ時期に与野党を横断的に駆け回って、「共感（YES）」を基軸として合意形成の調整役を果たしていたのです。このとき、国会議員として手がけた、「児童虐待防止法」に「自治体の責務」として法律に書き込んだことを、今や自治体の首長として実行する立場にあります。

世田谷区長に就任した2011年4月からは、若い頃からあたためてきた「共感（YES）の架け橋」を、慎重に、また確実につくる仕事に取り組み始めました。区長として世田谷役所に登庁した初日、幹部職員を前にしての「訓示」で、私は「5%改革」を呼びかけました。「区役所は正確に法定の事務処理を行ない、これまで同様に安定的に業務を継続することを95%土台にしてほしい。だが100%継続ということになると、組織はゆるみ、澱《よど》んで腐ってしまう。だから、5%は大胆な改革に取り組んでほしい」と訴えたのです。

戦々恐々としていた幹部職員の間からは、ホッとした雰囲気が漂いました。一方で、選挙で支持してくれた人たちからは、「えっ⁉ 95%変えようという話じゃなくて、たった5%なのか……」という落胆の声も聞かれました。それでも、私は信念を持っていました。「5%改革」を毎年継続していけば、改革領域はその都度、ひろがります。「5%改革」を掲げたのは、国会で中央省庁・霞が関と向き合ってきた経験則から獲得した実感でした。表明したのは急進的改革ではなく、じわじわと段階を踏んで進展する漸進的《ぜんしんてき》改革です。

世田谷区長は特別職の地方公務員であり、休日も勤務時間も定められていませんが、実際には朝から夜まで、連日10数時間の仕事を続けています。土日はひときわ忙しくなります。90万人口を抱える仕事の範囲は幅広く、森羅万象にわたると言っていいかもしれません。

そしてその仕事には、私は二つの側面があると考えています。一つは、住民のニーズに応えて、暮らしやすい街をつくり活力ある地域社会を運営することです。しかし、私の役割はそこに止まりません。二つめとして、90万都市が直面する課題を整理し、社会政策を打ち立てて、先駆けとなる打開策を展開することで、日本全国の制度や現実に具体的な改革をもたらすという役割があると考えています。

その役割を忘れずに、一つひとつの政策に理念を込めて、試行錯誤を抱えながら8年間走り続けました。そのすべてを克明に伝えることは、まず不可能です。そこで、本書では優れた専門的知見があり、筆者との関わりの深い4人の論者のお力をいただくことにしました。論者のみなさんとの対談で四方八方に話題を巡らせながら、政策の一部について、たとえ断片であろうとも、くっきり浮き彫りにしていくことを試みました。そして、その対談の場を「保坂展人政策フォーラム」に参加されたみなさんと共有・共感してきました。

ズムの嵐が吹き荒れています。

本当の豊かさは、人と人との信頼関係の厚みにあります。私たちが必要としているのは破壊ではなく、修復です。遠心力と相互不信にふりまわされる地球コミュニティをつくりかえるという創造的社会政策です。都市部で孤立しやすい、家族から離れて暮らす人も多い世田谷区に「暮らしやすさ」をもたらすために、「参加と協働」を基本とした市民事業・社会的事業が根を下ろしていくことを目指していきたいと思います。

私は理性と言葉の力を信じようと思います。大きな花火を打ち上げるよりは、持続可能な制度設計を成し遂げて、この社会をよりよく変えるのが「5％改革」のリアリズムなのです。

２０１９年1月25日

保坂展人

保坂展人（ほさかのぶと）

1955年11月26日、宮城県仙台市生まれ。麹町中学校卒業時の「内申書」をめぐり、16年にわたる内申書裁判の原告となる。新宿高校定時制を自主退学後、若者たちが集まるフリースペース「青生舎」を運営するかたわら、教育問題を中心に取材・発言するジャーナリストになる。1980年代半ばから、ミスターボランティアこと故・牟田悌三さん（09年没）とともに、世田谷区と共同で「いじめ」問題に取り組む。1996年11月、衆議院議員初当選。2009年までの3期11年で546回の国会質問に立ち、「国会の質問王」との異名をとる。その後、総務省顧問を経て、2011年4月の世田谷区長選挙で初当選。2015年4月再選。

『闘う区長』（集英社新書・2012年）、『88万人のコミュニティデザイン』（ほんの木・2014年）、『脱原発区長はなぜ得票率67％で再選されたのか?』（ロッキング・オン・2016年）、『〈暮らしやすさ〉の都市戦略』（岩波書店・2018年）、『子どもの学び大革命』（保坂展人・リヒテルズ直子共著・ほんの木・2018年）ほか、著書多数。

NO！で政治は変えられない
～せたがやYES！で区政を変えた8年の軌跡～

２０１９年３月４日　初版発行

著者　保坂展人
発行人　渋谷陽一
発行所　株式会社ロッキング・オン
東京都渋谷区桜丘町20－1渋谷インフォスタワー19階
電話　０３－５４５８－３０３１（代表）
編集協力　有限会社結プランニング
装丁・デザイン　越海辰夫
印刷・製本　大日本印刷株式会社

ISBN978-4-86052-132-5
価格はカバーに表示しています。

この「保坂展人政策フォーラム」では「観客からプレーヤーへ」の合言葉の下、主体的に地域参加する人びとを呼び起こしてきました。「理想郷」を夢想せずに、段階を踏んだ現実の改善、改革のプログラムを実現していく。どんなに長い道のりも、小さな一歩から始まります。地域行政と自治体運営を通して、経済至上主義の競争と消費で高速回転する社会から、地域での出会いと相互扶助を大切にするライフスタイルへと時代を進化させたいと願っています。

この25年間、「改革」というマジックワードに日本の有権者は何度か酔いました。93年の「政治改革・新党ブーム」に始まり、「小泉改革・劇場政治」「民主党への政権交代ブーム」と続きました。

おそらく、私の予感が正しければ、近いうちに何度目かの「改革劇場」の幕が開きます。飽きもせずに、同質同根の「一度、壊してしまえ！」という誘惑に日本社会はなびいてしまう危険があります。いや、日本だけではありません。世界中で感情にまかせたポピリュ